Jo-Jo

Fibel

Arbeitsheft
Fördern

Cornelsen

Jo-Jo Fibel
Arbeitsheft
Fördern

(auf der Basis des Jo-Jo Arbeitsheftes in Druckschrift)

Erarbeitet von — Kirstin Künning

Redaktion — Dr. Monika Gade, Kirstin Künning
Illustrationen — Barbara Jung, Maria Aurelio, Thorsten Saleina
Umschlagillustration — Barbara Jung
Gesamtgestaltung — Heike Börner
Layout und technische Umsetzung — Lisa Neuhalfen

Bildquellen:
Cover: Fotolia/imstock (Anspitzer)

www.cornelsen.de

2. Auflage, 3. Druck 2020

© 2017 Cornelsen Verlag GmbH, Berlin

Druck: AZ Druck und Datentechnik GmbH, Kempten

ISBN 978-3-06-082083-2

PEFC zertifiziert
Dieses Produkt stammt aus nachhaltig
bewirtschafteten Wäldern und kontrollierten
Quellen.

PEFC
PEFC/04-31-2260

www.pefc.de

Nina Nino

N i n a

N i n o

FS 2/3: Anlautbilder und Buchstaben einander zuordnen; Kindernamen mit Hilfe der Anlautbilder erlesen;
mit den Buchstabenkärtchen (Beilage) mehrfach nachlegen; Unterschiede am Wortende herausarbeiten; Namen silbierend sprechen

3

Ni	na		Ni	no

N	i	n	a		N	i	n	o

	i	n	a			i	n	o

© 2016 Cornelsen Schulverlage GmbH, Berlin

FS 2/3: 1. Namen silbierend und buchstabenweise sprechen; Lückenwörter erlesen, den fehlenden Laut/Buchstaben ergänzen; passende Buchstabenkärtchen (Beilage) auflegen und –kleben

Nina Nino

1

Ni na   Ni no

N i n a   N i n o

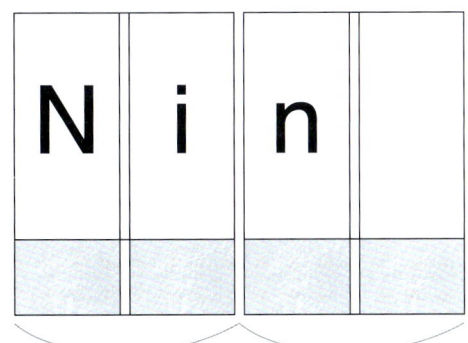

N i n   N i n

FS 2/3: 1. Namen silbierend und buchstabenweise sprechen; Lückenwörter erlesen, den fehlenden Laut/Buchstaben ergänzen; passende Buchstabenkärtchen (Beilage) auflegen und –kleben

 Ni**na**  Ni**no**

①

Ni

na

●

Ni

●

no

FS 3: 1. Einführung „Sprechschwingen": Kindernamen sprechen und dabei die Silben schwingen;
Lückenwörter erlesen, die fehlende Silbe ergänzen; die passenden Silbenkärtchen (Beilage) auflegen und -kleben

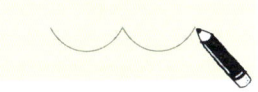

FS 6/7: 1. Begriffe sprechen; Begriffe einkreisen oder anmalen, in denen der N/n-Laut zu hören ist (4×)
2. Begriffe sprechschwingen; Silbenbögen darunter setzen

7

© 2016 Cornelsen Schulverlage GmbH, Berlin

1

N N N n n
n N
N n N N N
n N n N n

2

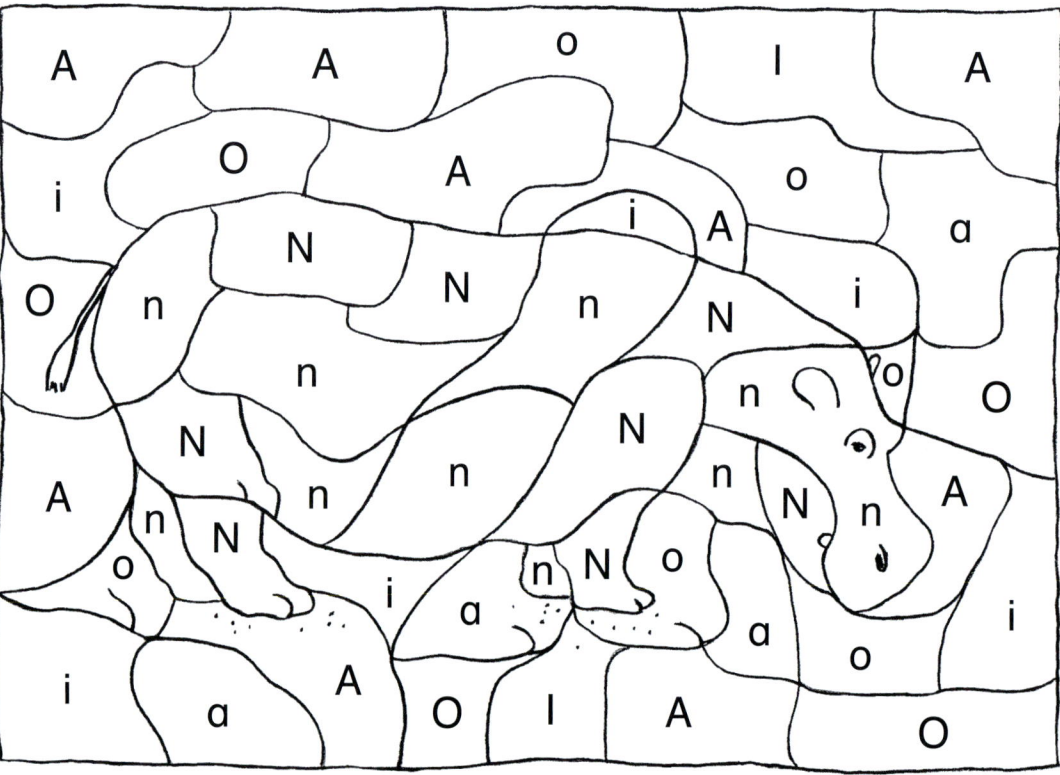

FS 6/7: 1. Buchstaben nachspuren
2. Alle Felder mit N oder n dunkelblau ausmalen (Lösungsbild: Nilpferd)

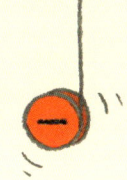

1

2

© 2016 Cornelsen Schulverlage GmbH, Berlin

FS 8/9: 1. Begriffe sprechen; Begriffe einkreisen oder anmalen, in denen der lange I/i-Laut zu hören ist (5 ×)
2. Begriffe sprechschwingen; Silbenbögen darunter setzen

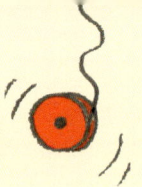

1

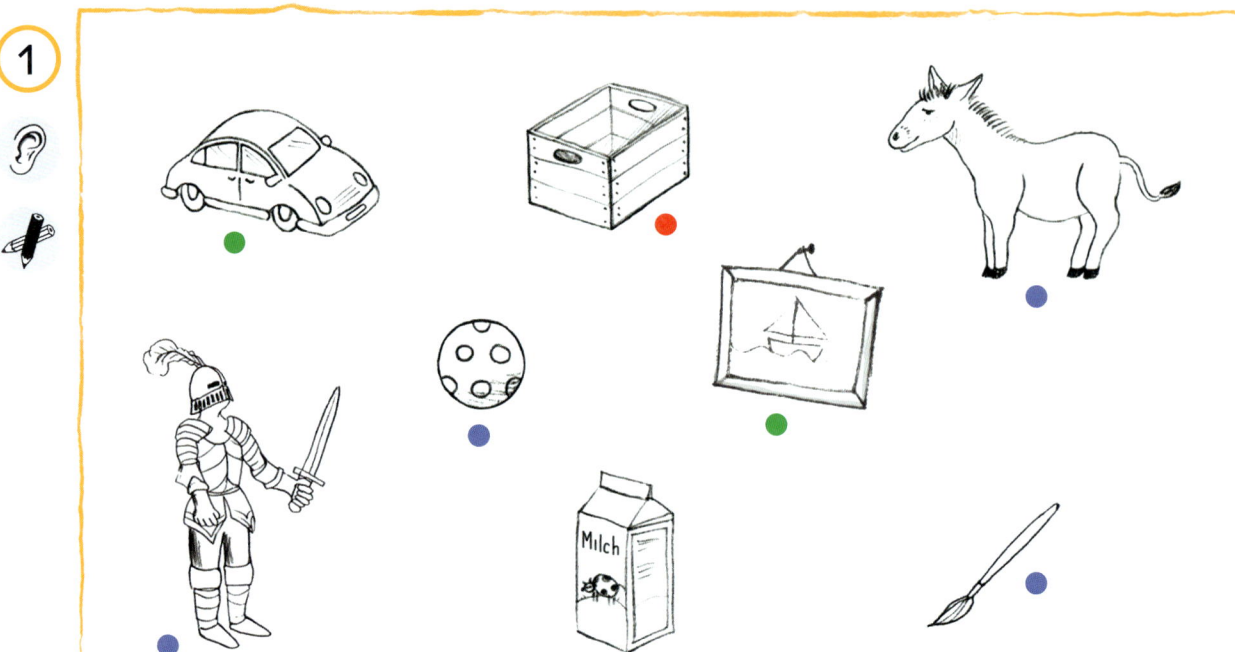

2

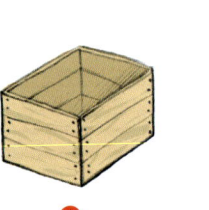

FS 8/9: 1. Begriffe sprechen; Begriffe einkreisen oder anmalen, in denen der kurze I/i-Laut zu hören ist (4×)
2. Begriffe sprechschwingen; Silbenbögen darunter setzen

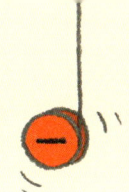 

1

2

FS 10/11: 1. Begriffe sprechen; Begriffe einkreisen oder anmalen, in denen der lange A/a-Laut zu hören ist (4×)
2. Begriffe sprechschwingen; Silbenbögen darunter setzen

 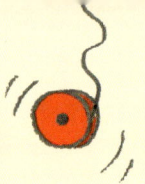
1

2

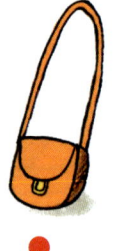   

FS 10/11: 1. Begriffe sprechen; Begriffe einkreisen oder anmalen, in denen der kurze A/a-Laut zu hören ist (5×)
2. Begriffe sprechschwingen; Silbenbögen darunter setzen

1

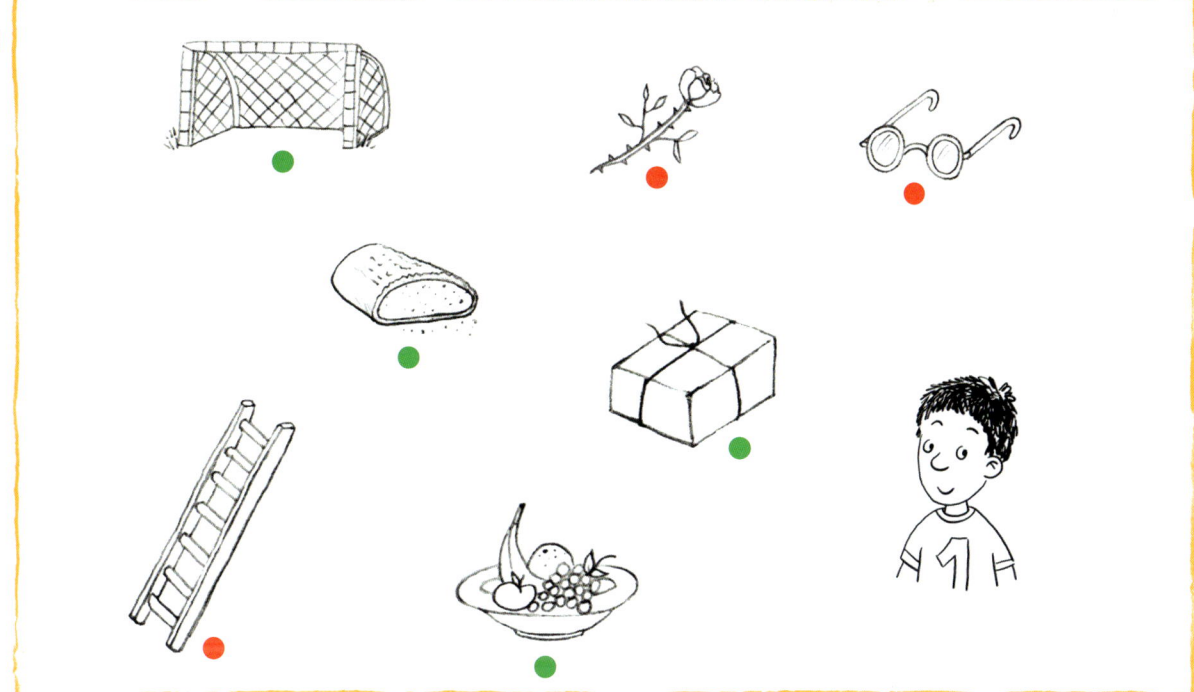

2

3

Ni	no

Ni	no

Ni	

	no

FS 12/13: 1. Begriffe sprechen; Begriffe einkreisen oder anmalen, in denen der lange O/o-Laut zu hören ist (5 ×)
2. Begriffe sprechschwingen; Silbenbögen darunter setzen
3. Name „Nino" sprechschwingen; fehlende Silben schreiben

13
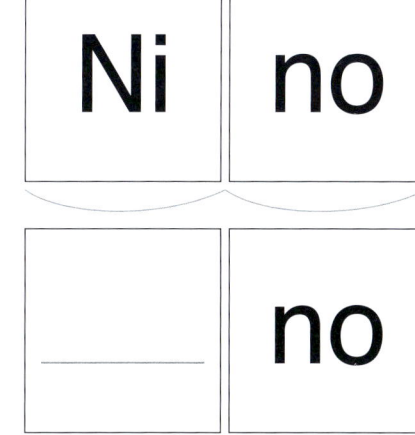

1

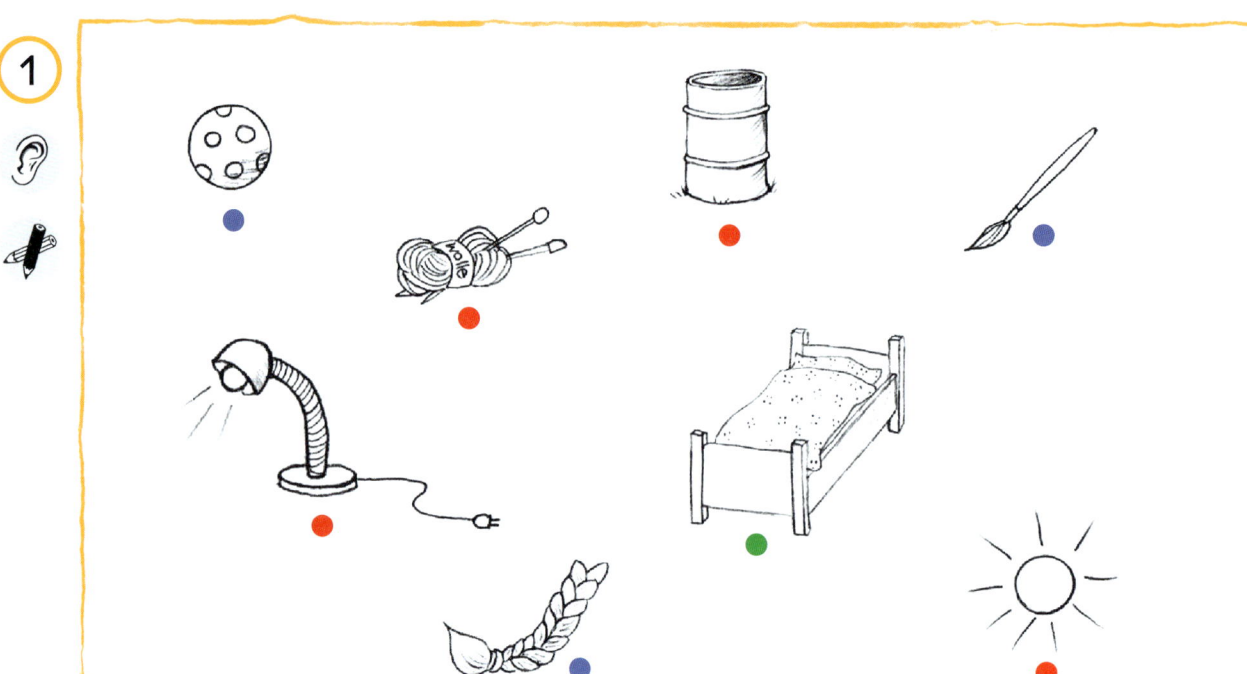

2

FS 12/13: 1. Begriffe sprechen; Begriffe einkreisen oder anmalen, in denen der kurze O/o-Laut zu hören ist (4×)
2. Begriffe sprechschwingen; Silbenbögen darunter setzen

1

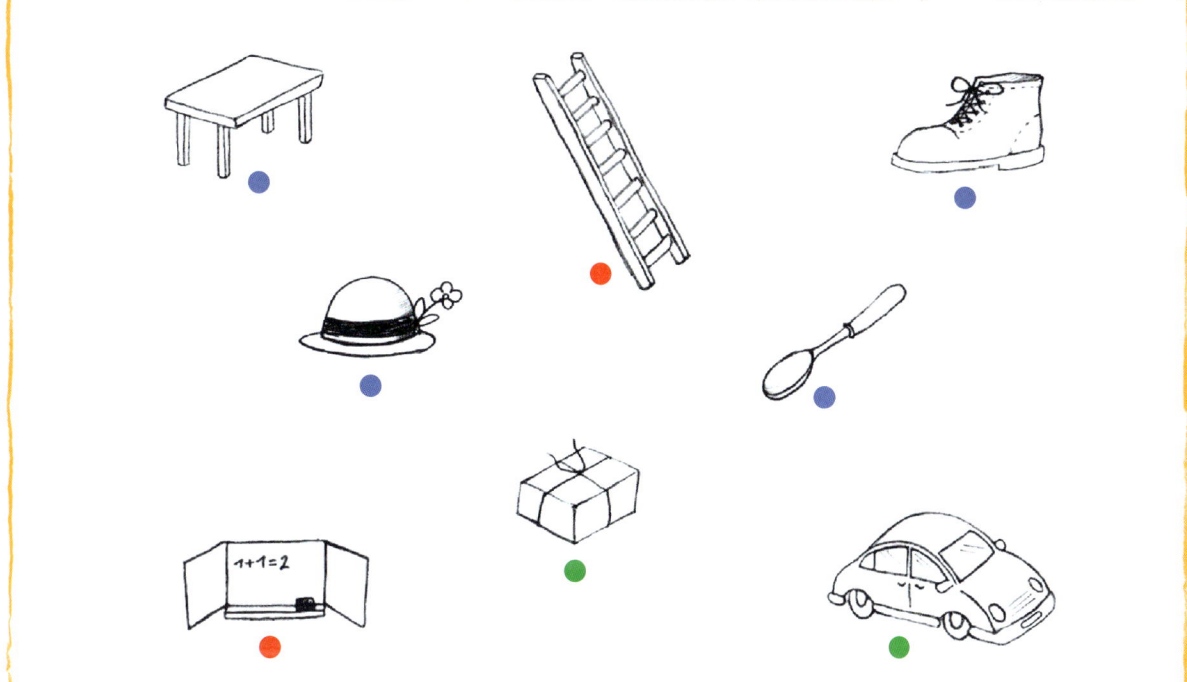

2

3

	a	i	o
T	Ta	Ti	To
N	Na	Ni	No
t	ta	ti	to
n	na	ni	no

FS 14/15: 1. Begriffe sprechen; Begriffe einkreisen oder anmalen, in denen der T/t-Laut zu hören ist (6×)
2. Begriffe sprechschwingen; Silbenbögen darunter setzen
3. Einführung „Silbenteppiche": Lesart gemeinsam besprechen; Einführung „Silbenkönige" (auf dem roten Tuch der Anlauttabelle);
Partnerarbeit: Einzelsilben abwechselnd erlesen; kontrollieren

15

1

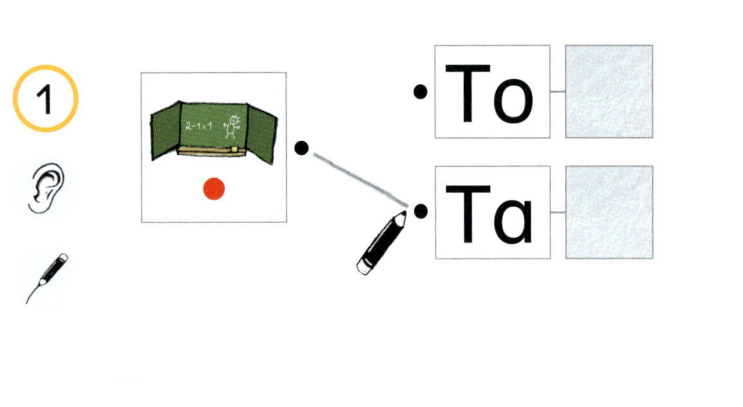

·To

·Ta

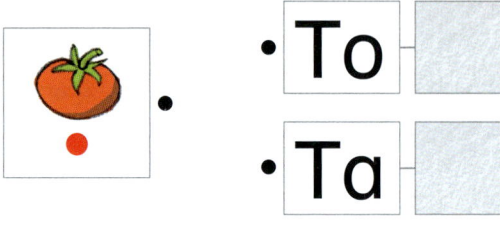

·To

·Ta

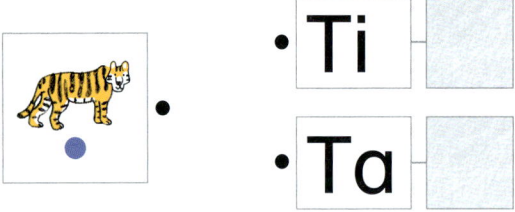

·Ti

·Ta

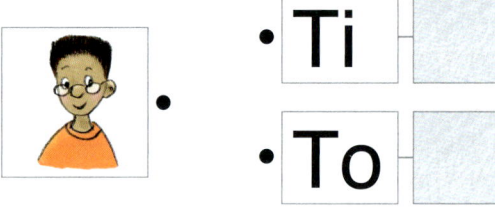

·Ti

·To

2

Anita   Nina   Toni

3

○ Toni in Not

○ Anita in Not

FS 14/15: 1. Abbildungen benennen und mit den passenden Anfangssilben verbinden
2. Namen erlesen, sprechschwingen und mit den passenden Abbildungen verbinden
3. Einführung „Auswahlsätze ankreuzen": Auswahlsätze erlesen; zum Bild passenden Satz ankreuzen

M m

1

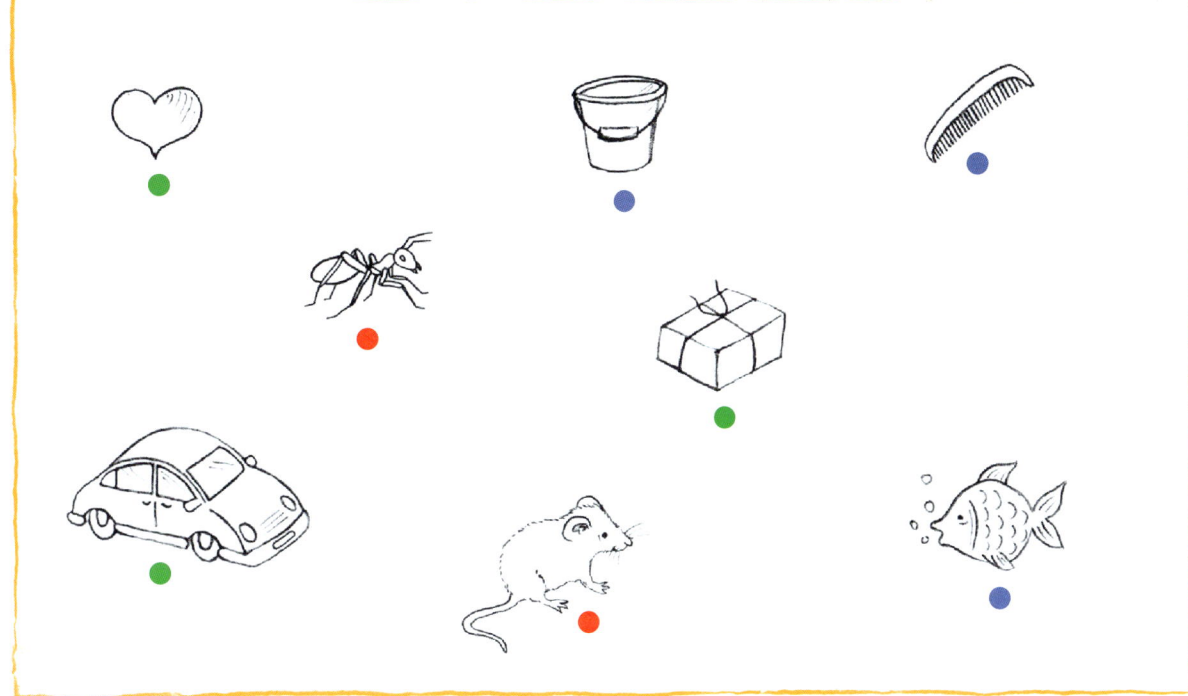

2

3

	a	i	o
M	Ma	Mi	Mo
m	ma	mi	mo

FS 16/17: 1. Begriffe sprechen; Begriffe einkreisen oder anmalen, in denen der M/m-Laut zu hören ist (4 ×)
2. Begriffe sprechschwingen; Silbenbögen darunter setzen
3. Einzelsilben mehrfach laut lesen (waagerecht/senkrecht)

17

1

O

Oma

ma

Ma

Mama

2

FS 16/17: 1. Namen „Oma" und „Mama" sprechschwingen; fehlende Silben ergänzen; vollständige Wörter schreiben
2. Namen „Oma" und „Mama" mehrfach mit den Buchstabenkärtchen auf- und abbauen; legen, kontrollieren und aufkleben

1

am	im	am

2

Nina   Mama   Oma

3

○ Mama am

○ Mama im

○ Oma mit Nina

○ Mama mit Nina

FS 16/17: 1. Partnerarbeit: Präpositionen erlesen, Bilder beschreiben; Wörter mit den passenden Bildern verbinden
2. Namen erlesen, sprechschwingen und mit den passenden Abbildungen verbinden
3. Auswahlsätze erlesen; jeweils zum Bild passenden Satz ankreuzen

19

1

2

	× ✏										

3

L		a		i		o
L	La		Li		Lo	
M	Ma		Mi		Mo	
T	Ta		Ti		To	
N	Na		Ni		No	

l		a		i		o
l	la		li		lo	
m	ma		mi		mo	
t	ta		ti		to	
n	na		ni		no	

© 2016 Cornelsen Schulverlage GmbH, Berlin

FS 20/21: 1. Begriffe sprechen; Begriffe einkreisen oder anmalen, in denen der L/l-Laut zu hören ist (4×)
2. Einführung „Stellungslaute": ankreuzen, ob der L/l-Laut am Wortanfang, im Wortinnern oder am Wortende zu hören ist
3. Partnerarbeit: Einzelsilben mehrfach im Wechsel laut lesen (waagerecht/senkrecht)

1

2

○ Ali malt Lama Lola.

○ Nina malt Lama Lola.

○ Ali malt Nina lila an.

○ Ali malt mit Nino.

FS 20/21: 1. Begriffe sprechschwingen; Silbenkönige markieren, Wörter nachspuren
2. Auswahlsätze erlesen; jeweils zum Bild passenden Satz ankreuzen

21

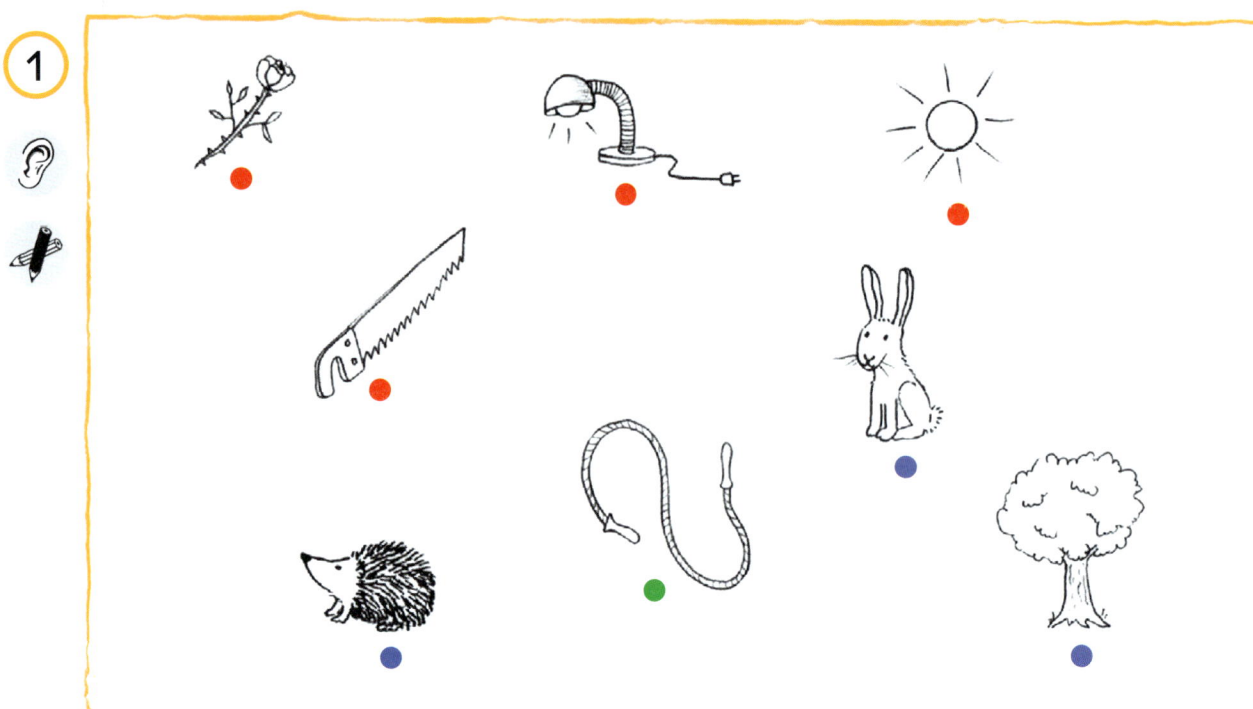

Lisa Salami Salat

FS 22/23: 1. Begriffe sprechen; Begriffe einkreisen oder anmalen, in denen der stimmhafte S/s-Laut zu hören ist (5×)
2. Ankreuzen, ob der S/s-Laut am Wortanfang, im Wortinnern oder am Wortende zu hören ist
3. Begriffe sprechschwingen; Silbenkönige markieren

Ananas S s

1

2

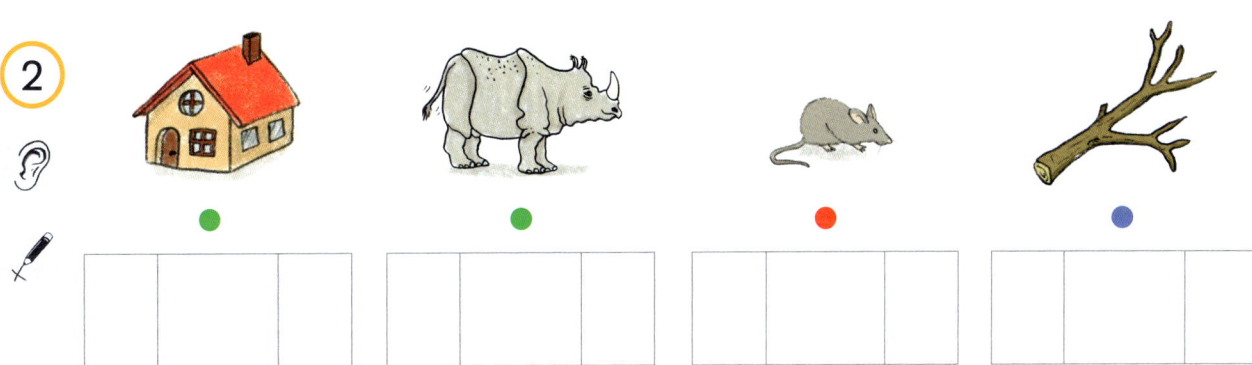

3

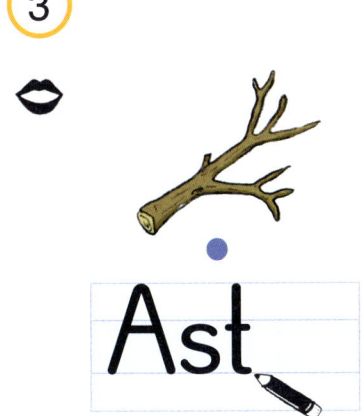

Ast

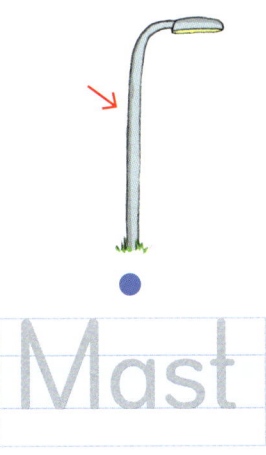

Mast

Mist

© 2016 Cornelsen Schulverlage GmbH, Berlin

FS 22/23: 1. Begriffe sprechen; Begriffe einkreisen oder anmalen, in denen der stimmlose S/s-Laut zu hören ist (4×)
2. Ankreuzen, ob der S/s-Laut am Wortanfang, im Wortinnern oder am Wortende zu hören ist
3. Begriffe zu den Abbildungen erlesen; Wörter nachspuren

1

Si	mon

Sa	lat

Sa	la	mi

Simon

2

• Salat

• Lisa

• Simon

• Nils

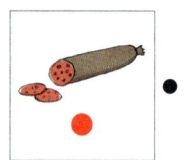

• Ananas

• Salami

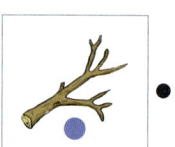

• Ast

• Mast

3

○ Im Salat ist Mist.

○ Im Salat ist Salami.

FS 22/23: 1. Begriffe sprechschwingen, vollständige Wörter schreiben; Silbenbögen setzen
2. Bild benennen und Auswahlwörter erlesen; Bild mit passendem Wort verbinden
3. Auswahlsätze erlesen; zum Bild passenden Satz ankreuzen und schreiben

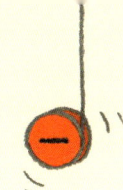

E e

1

2

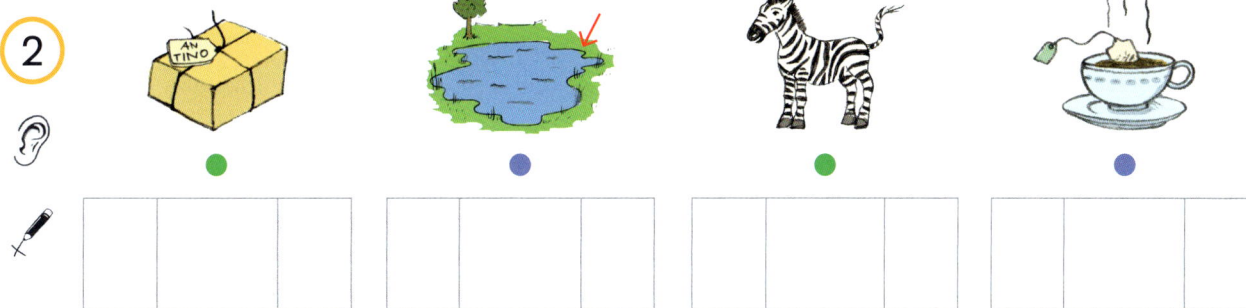

3

L	Le	Lo	Li	La
M	Me	Mo	Mi	Ma
T	Te	To	Ti	Ta
S	Se	So	Si	Sa
N	Ne	No	Ni	Na

	e	o	i	a
l	le	lo	li	la
m	me	mo	mi	ma
t	te	to	ti	ta
s	se	so	si	sa
n	ne	no	ni	na

FS 26/27: 1. Begriffe sprechen; Begriffe einkreisen oder anmalen, in denen ein langer E/e-Laut zu hören ist (5×)
2. ankreuzen, ob der E/e-Laut am Wortanfang, im Wortinnern oder am Wortende zu hören ist
3. Partnerarbeit: Einzelsilben mehrfach im Wechsel lesen (waagerecht/senkrecht)

E e

1

| En | te | Na | se | | Man | tel | In | sel |

Ente

Man

Na

In

2

| ma | len | le | sen | | mes | sen | es | sen |

malen

mes

le

es

FS 26/27: 1. abgebildete Begriffe benennen und sprechschwingen; Wörter nachspuren und mit den passenden Endungen vervollständigen; Silbenkönige rot markieren
2. dargestellte Verben benennen und sprechschwingen; Wörter nachspuren und mit den passenden Endungen vervollständigen

1

 Sonne

 Pinsel

 Ton

In

2

| Nase | Ente | Insel | Mantel |

| malen | lesen | essen | messen |

FS 26/27: 1. abgebildete Begriffe benennen und sprechschwingen; Wörter erlesen und die passenden Reimwörter ergänzen
2. Begriffe sprechschwingen; Wörter erlesen und mit den passenden Abbildungen verbinden

27

1

Male Ninas Mantel lila an.

Male Salat an Ninos Nase.

2

○ Alle Enten essen Salami.

○ Alle Enten essen Tomaten.

○ Alle Enten essen Salat.

FS 26/27: 1. Sätze erlesen; Abbildung nach Satzaussagen ergänzen
2. Auswahlsätze erlesen; zum Bild passenden Satz ankreuzen

1

2

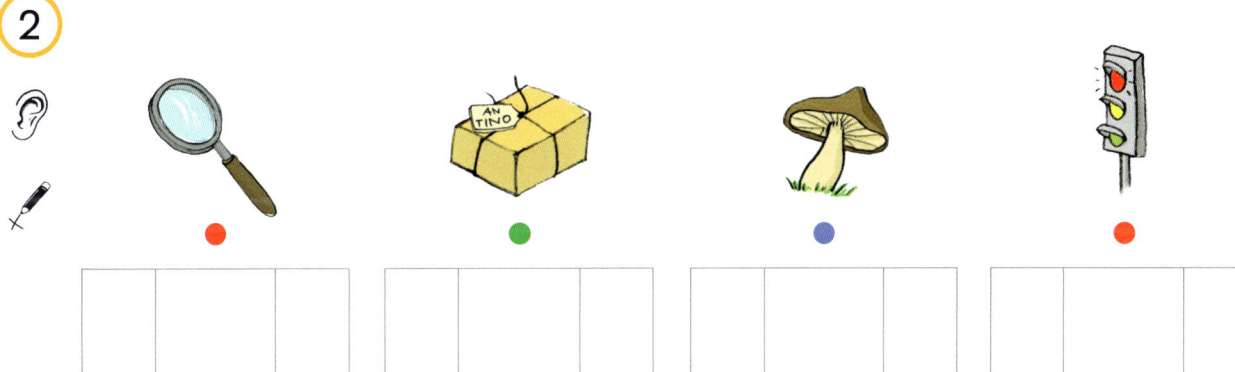

3

P ⬚ L M ⬚ I ⬚ T

p e s ⬚ a ⬚ o ⬚ n

FS 28/29: 1. Begriffe sprechen; Begriffe einkreisen oder anmalen, in denen der P/p-Laut zu hören ist (4×)
2. ankreuzen, ob der P/p-Laut am Wortanfang, im Wortinnern oder am Wortende zu hören ist
3. Groß- und Kleinbuchstaben jeweils passend ergänzen/schreiben

29

© 2016 Cornelsen Schulverlage GmbH, Berlin

1

☐ pe ☐ me ☐ pel ☐ pe

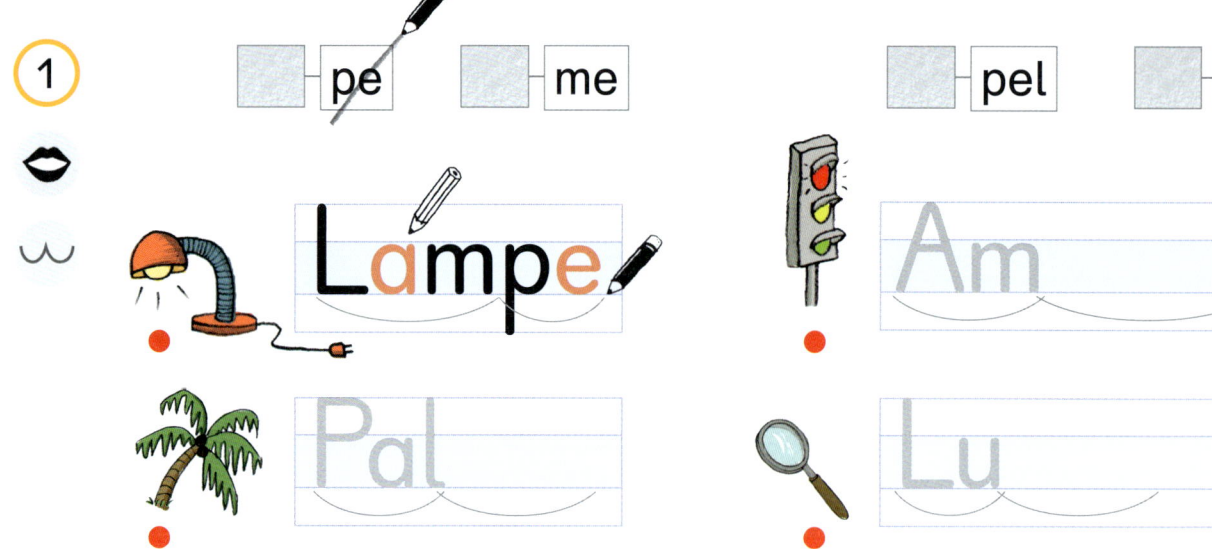

Lampe

Am

Pal

Lu

2

 •

• Palme

 •

• Lampe

 •

• Ampel

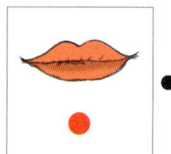 •

• Lippen

3

○ Papa ist im Sessel.

○ Paola ist im Sessel.

○ Opa ist im Sessel.

© 2016 Cornelsen Schulverlage GmbH, Berlin

FS 28/29: 1. abgebildete Begriffe benennen; Wörter nachspuren und mit passenden Endsilben vervollständigen; Silbenkönige rot markieren
2. Auswahlwörter erlesen; mit passendem Bild verbinden
3. Auswahlsätze erlesen; zum Bild passenden Satz ankreuzen

1

2

3

Wal Wolle Welle

Wanne Palme Ampel

FS 30/31: 1. Begriffe sprechen; Begriffe einkreisen oder anmalen, in denen der W/w-Laut zu hören ist (5 ×)
2. ankreuzen, ob der W/w-Laut am Wortanfang, im Wortinnern oder am Wortende zu hören ist
3. Wörter nachspuren; Silbenkönige markieren

31

1 wol**len**   wis**sen**   sol**len**

2

3

Ma**le** Wel**len**.

Ma**le** li**la** Wol**le**.

© 2016 Cornelsen Schulverlage GmbH, Berlin

FS 30/31: 1. Verben erlesen und mehrfach sprechschwingen; darunter die erste Silbe nachspuren,
Endsilbe ergänzen, Silbenkönige rot markieren
2. Wörter erlesen und nachspuren; rot markierte Silbenkönige entsprechend der zweiten Abbildung ergänzen
3. Nach Satzaussage malen

1

2

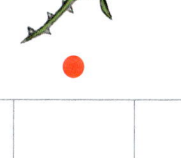

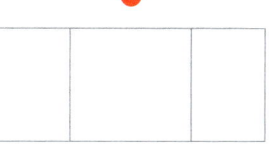

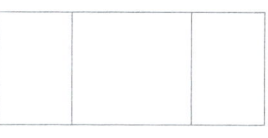

3

	a	i	o	e
R	Ra	Ri	Ro	Re
W	Wa	Wi	Wo	We
P	Pa	Pi	Po	Pe
S	Sa	Si	So	Se

	a	i	o	e
r	ra	ri	ro	re
w	wa	wi	wo	we
p	pa	pi	po	pe
s	sa	si	so	se

FS 34/35: 1. Begriffe sprechen; Begriffe einkreisen oder anmalen, in denen der R/r-Laut zu hören ist (4×)
2. ankreuzen, ob der R/r-Laut am Wortanfang, im Wortinnern oder am Wortende zu hören ist
3. Einzelsilben mehrfach lesen (waagerecht/senkrecht)

33

1

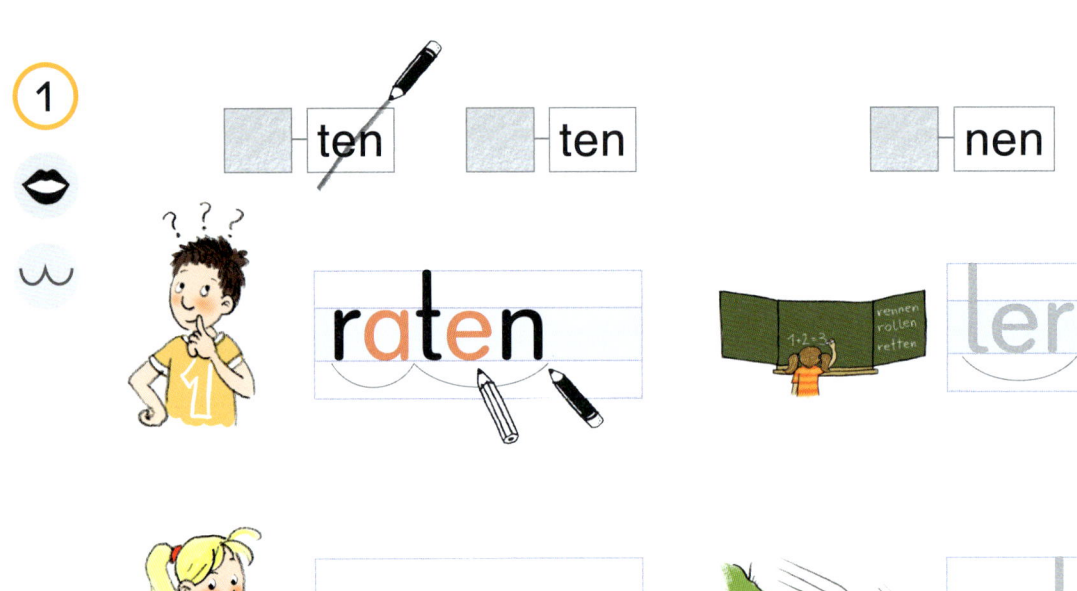

| | -ten | | -ten | | -nen | | -len |

raten

ler

war

rol

2

- •Ritter
- •Pirat

- •Rose
- •Tor

- •Perle
- •Roller

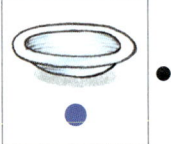
- •Teller
- •Messer

FS 34/35: 1. abgebildete Verben benennen und sprechschwingen; Wörter nachspuren und mit passenden Endsilben vervollständigen; Silbenkönige rot markieren
2. Bild benennen und Auswahlwörter erlesen; Bild mit passendem Wort verbinden

1

○ Piraten raten am Tor.

○ Piraten warten am Tor.

○ Piratin Maria will Rosen.

○ Piratin Maria will Perlen.

2

Male Ritter Rolo mit

roten Rosen im Arm.

Pirat Willi will essen.

Male Willis roten Teller.

FS 34/35: 1. Auswahlsätze erlesen und zum Bild passende Sätze ankreuzen
2. Sätze erlesen und Abbildungen jeweils nach Satzaussage ergänzen

35

Ei ei

1

● ● ● ●

X | | | |

2

  3

● ● ● ●

| | | | | | | | | | | | | | | | |

3 Male immer ein Ei.

Reise   Eis   Leiter

Ameise   Reiter   Eimer

FS 36/37: 1. Begriffe benennen und jeweils ankreuzen, wenn der Ei/ei-Laut im Begriff zu hören ist
2. ankreuzen, ob der Ei/ei-Laut am Wortanfang, im Wortinnern oder am Wortende zu hören ist
3. alle Ei/ei farbig markieren

1  mer  ter  ter  se

 Ei _____

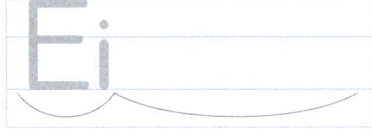 Rei _____

 Lei _____

 Amei _____

2

• ein Ei
• ein Eis

• ein Teil
• ein Seil

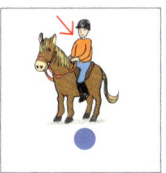
• ein Reiter
• eine Leiter

• ein Eimer
• eine Meise

---

3 Male Pirat Willi

mit einem rosa Eis.

Male eine Ameise an Willis Eis.

FS 36/37: 1. abgebildete Begriffe benennen und sprechschwingen; Wörter nachspuren und mit passenden Endsilben vervollständigen
2. Bild benennen und Auswahlwörter erlesen; Bild mit passendem Wort verbinden
3. Sätze erlesen und Abbildung jeweils nach Satzaussage ergänzen

37

D d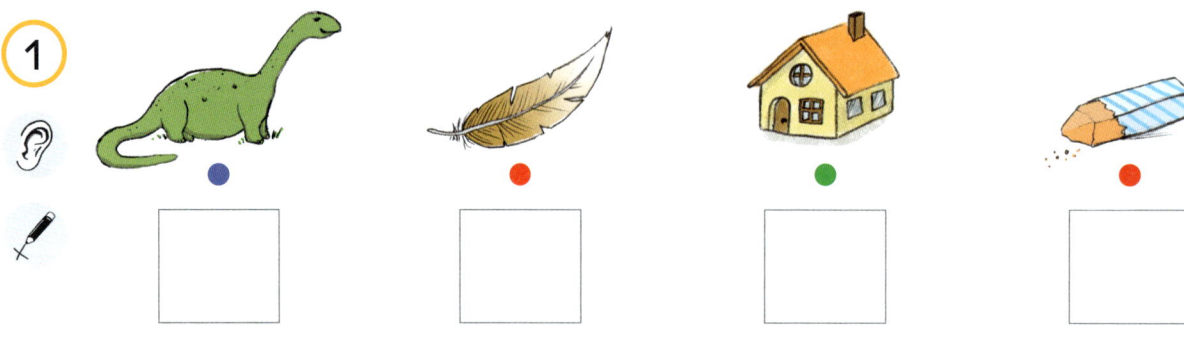

1

2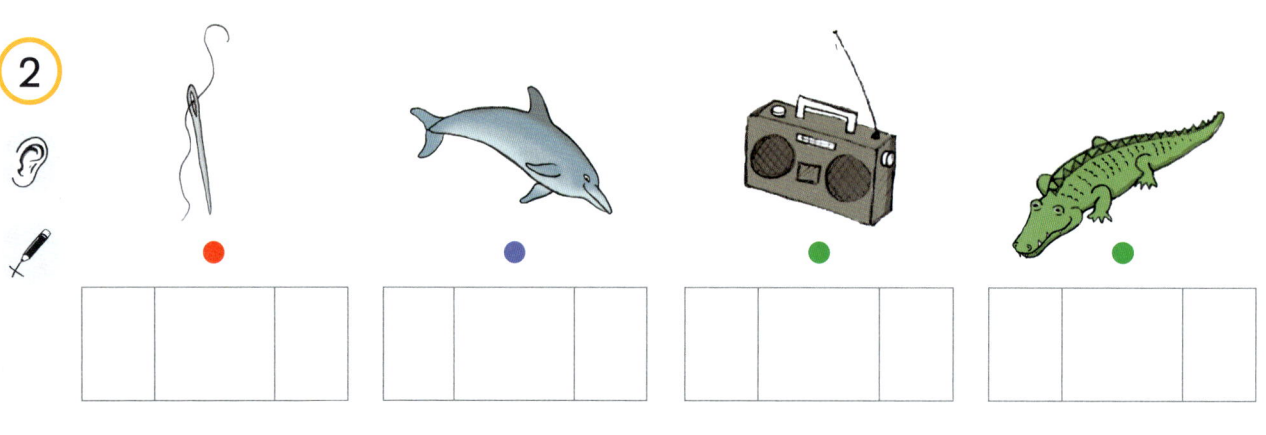

3

| Di | Do | | Na | Da |

no

del

se

me

FS 38/39: 1. Begriffe benennen und jeweils ankreuzen, wenn der D/d-Laut im Begriff zu hören ist
2. ankreuzen, ob der D/d-Laut am Wortanfang, im Wortinnern oder am Wortende zu hören ist
3. abgebildete Begriffe benennen und sprechschwingen; mit passenden Anfangssilben vervollständigen; Endsilben nachspuren

1

• Dino

• Dose

• Nadel

• Dame

---

2 Reime mit **D**

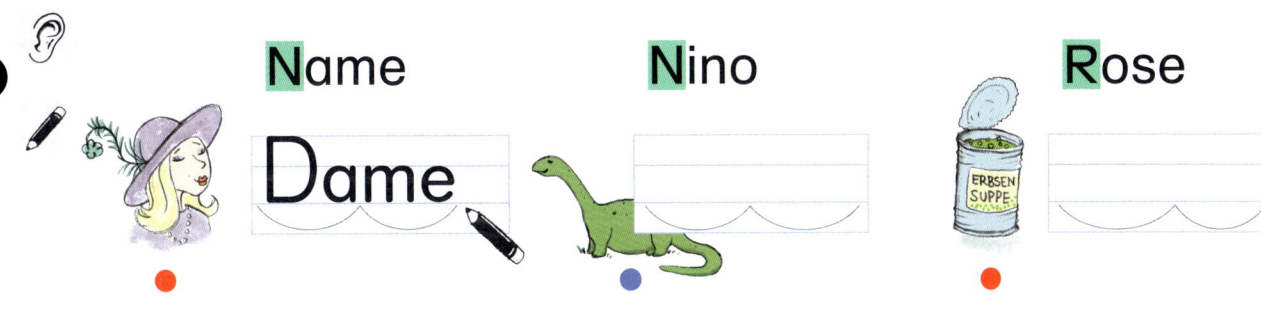

Name

Dame

Nino

Rose

3

○ Der Dino ist an der Tanne.

○ Der Dino ist in der Wanne.

○ In der Dose sind Nadeln.

○ In der Dose sind Mandarinen.

FS 38/39: 1. Bild benennen und Auswahlwörter erlesen; Bild mit passendem Wort verbinden
2. Wörter silbierend erlesen; zu den Abbildungen passendes Reimwort darunterschreiben (grün markierte Buchstaben entsprechend austauschen)
3. Auswahlsätze erlesen und zum Bild passende Sätze ankreuzen

39

1

2

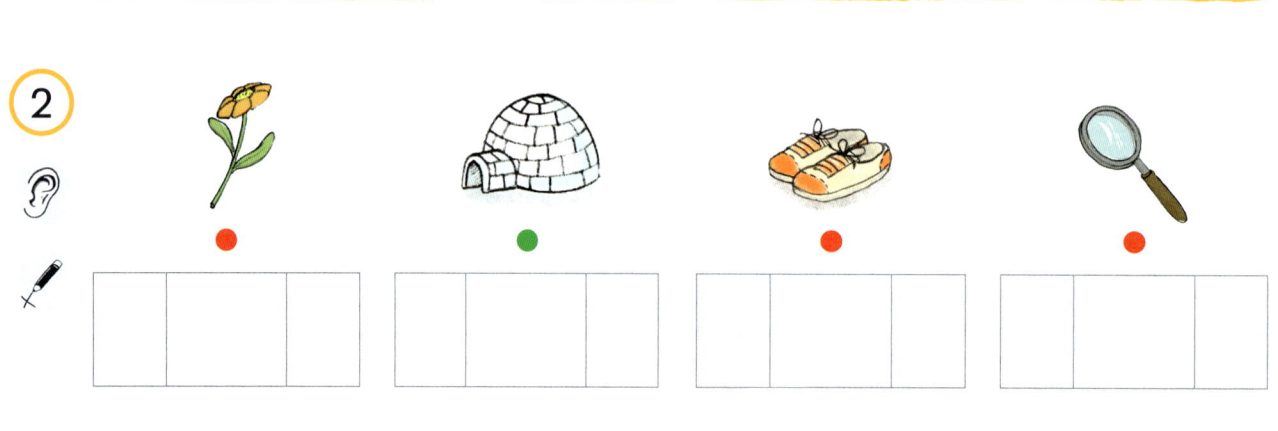

3

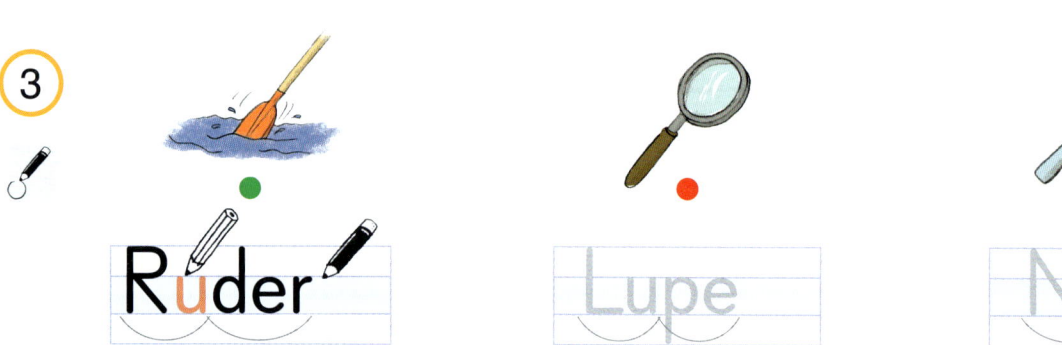

R u der   Lupe   Nudel

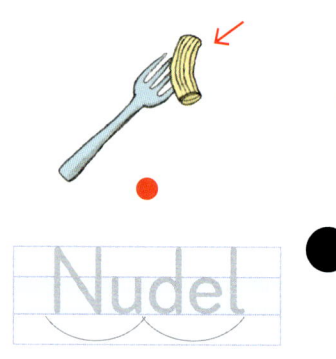

4

○ Nino rudert mit einer Lupe.

○ Nino rudert mit den Armen.

© 2016 Cornelsen Schulverlage GmbH, Berlin

FS 42/43: 1. Begriffe benennen und jeweils ankreuzen, wenn der lange U/u-Laut im Begriff zu hören ist
2. ankreuzen, ob der lange U/u-Laut am Wortanfang, im Wortinnern oder am Wortende zu hören ist
3. abgebildete Begriffe benennen; Wörter nachspuren; Silbenkönige markieren
4. Auswahlsätze erlesen und zum Bild passenden Satz ankreuzen

1

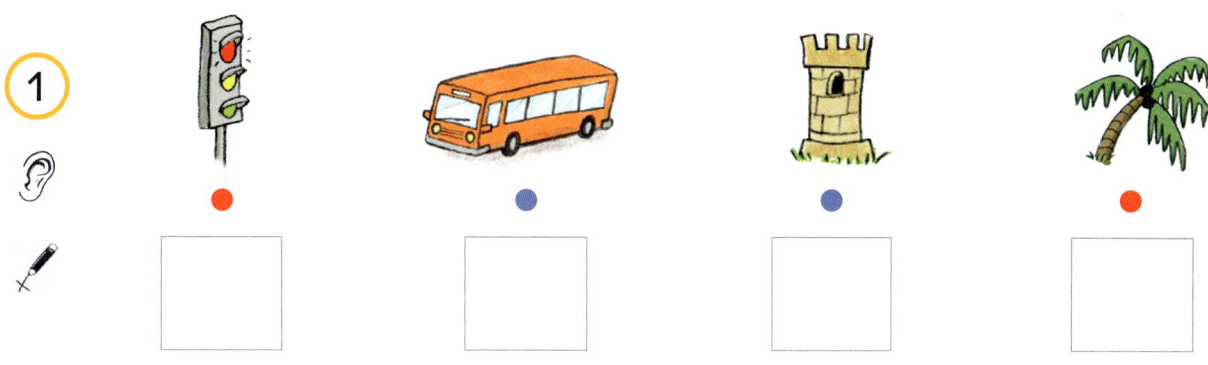

2

3

4 Reime

Wurm

Mutter

FS 42/43: 1. Begriffe benennen und jeweils ankreuzen, wenn der kurze U/u-Laut im Begriff zu hören ist
2. ankreuzen, ob der kurze U/u-Laut am Wortanfang, im Wortinnern oder am Wortende zu hören ist
3. Groß- und Kleinbuchstaben jeweils passend ergänzen/schreiben 4. Wörter erlesen; zu den Abbildungen passendes Reimwort darunterschreiben (grün markierte Buchstaben entsprechend austauschen)

41

1

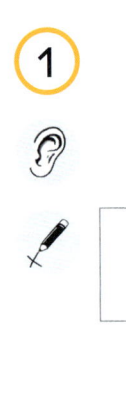

   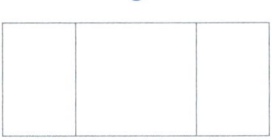

2

Tafel

Feder

Ofen

  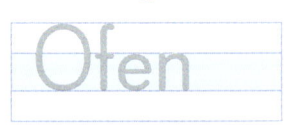

Reifen

Telefon

Elefant

FS 44/45: 1. ankreuzen, ob der F/f-Laut am Wortanfang, im Wortinnern oder am Wortende zu hören ist
2. abgebildete Begriffe benennen und sprechschwingen; Wörter erlesen und nachspuren; Silbenkönige rot markieren

1

Nino ist am Fenster.

Er filmt Polli.

Male Polli.

Nino ruft Nina an.

Male Nino mit Telefon.

2

Tafel   Elefant   Telefon   Feder

Das ist eine Tafel .

Das ist eine _____.

Das ist ein _____.

Das ist ein _____.

FS 44/45: 1. Text erlesen und Abbildungen jeweils nach Textaussagen ergänzen
2. Sätze lesen; Auswahlwörter lesen und sprechschwingen; Lückensätze mit den passenden Auswahlwörtern ergänzen

43

H h

1

2

Hose   Hase   Hut   Helm

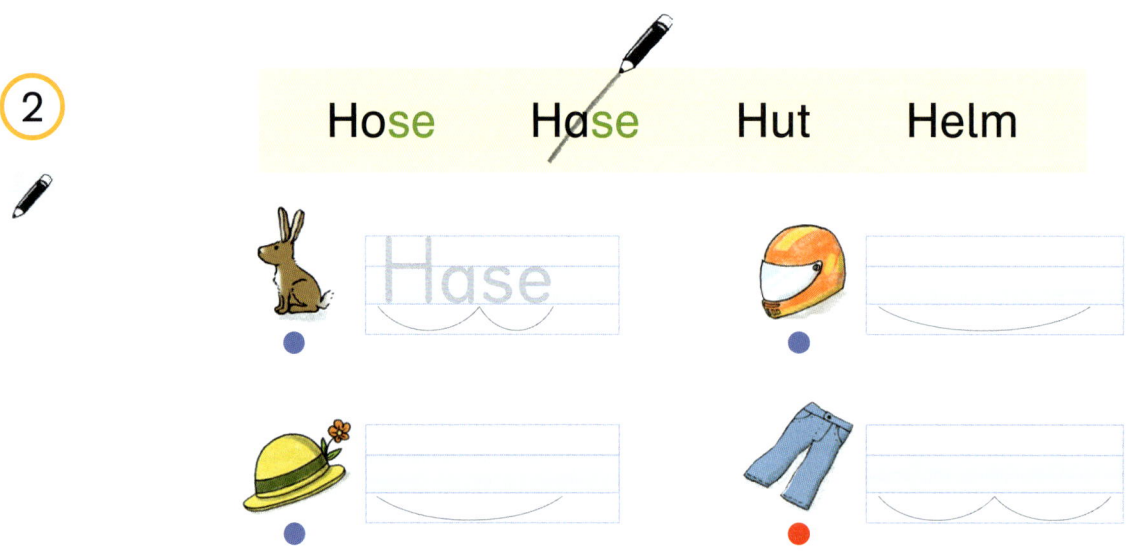

Hase	

3

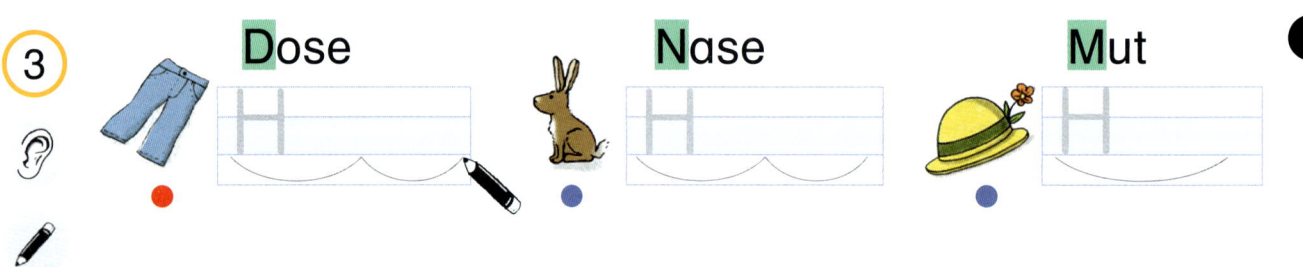

Dose   Nase   Mut

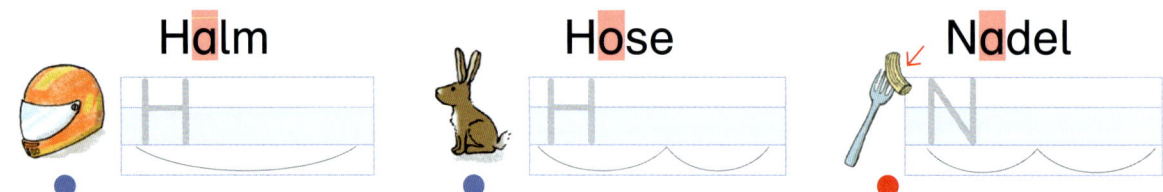

Halm   Hose   Nadel

FS 46: 1. ankreuzen, ob der H/h-Laut am Wortanfang, im Wortinnern oder am Wortende zu hören ist
2. abgebildete Begriffe benennen; Auswahlwörter lesen und zum passenden Bild schreiben
3. Wörter silbierend erlesen; zu den Abbildungen passendes Wort darunterschreiben (jeweils markierten Buchstaben austauschen)

1 Im Winter hat man oft Husten.

Was soll den Husten heilen?

○ warmer Tee ○ Hustensaft

○ ein nasser Hamster

---

2 Was passt?

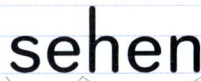 sehen rennen helfen

Paola und Nino **sehen** einen Film.

2 Hunde _____ hinter einem Hasen her.

Ein Mann will dem Hasen _____.

FS 46: 1. Frage und Auswahlantworten erlesen; Antworten entsprechend der Fragestellung ankreuzen
2. Sätze lesen; Auswahlwörter lesen und sprechschwingen; Lückentext mit den passenden Verben vervollständigen

45

ie Wiese

1 Male alle **ie** an:

Wiese   Papier   Lied

Riese   Tiere   niesen

2 **der** oder **die** oder **das**?

der Riese

Tiere

Wiese   Papier

3 Alles mit **ie**

T___re

W___se

Pap___r

R___se

FS 47: 1. alle ie visuell differenzieren und farbig markieren
2. Überschrift und Wörter erlesen; Artikel zuordnen und vor die Begriffe schreiben; Wörter nachspuren; alle ie rot markieren
3. abgebildete Begriffe benennen; Lückenwörter lesen; ie ergänzen; Wörter nachspuren

1

Riese   Tiere   Papier   Wiese

 Wiese

---

2 Lies und male alle ie an:

Wiese   die   Lieder   Riese   sie

hier   wie   nie   wieder   Papier

Was passt immer darunter?

die	wie	Wiese	wieder	Papier
sie	n	R	L	hier

FS 47: 1. abgebildete Begriffe benennen; Auswahlwörter lesen und zum passenden Bild schreiben
2. Wörter im Kasten erlesen und ie jeweils rot markieren. Wörter in der ersten Schreibzeile nachspuren; Reimwörter darunterschreiben, ie rot markieren; beide Wörter im Kasten oben streichen

47

1 Male 2 Tiere.

2

○ Nina liest mit Nino.

○ Nina niest mit Nino.

○ Nina liest mit Nina.

3 Male alle ie an:

Nino liest mit Nina.

Nino muss immer niesen.

Er ruft: „Das ist fies!

Es soll nie wieder Winter werden!

Dieses nasse Wetter ist doof!"

FS 47: 1. Auftrag erlesen und ausführen
2. Auswahlsätze erlesen und zum Bild passenden Satz ankreuzen
3. Text lesen; alle ie farbig markieren

1

🔴 🟢 🔴 🔵

2

Zitrone   Zelt   Pilz   Ranzen

Pilz

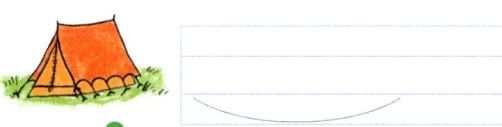

🔵 🟢

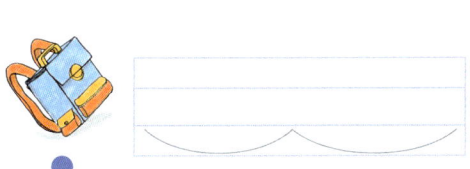

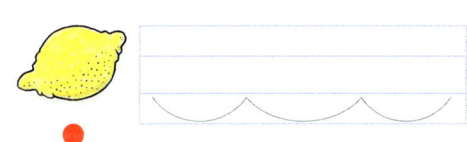

🔵 🔴

3 Was passt zusammen?

Ziehe Linien mit dem Lineal. 📏

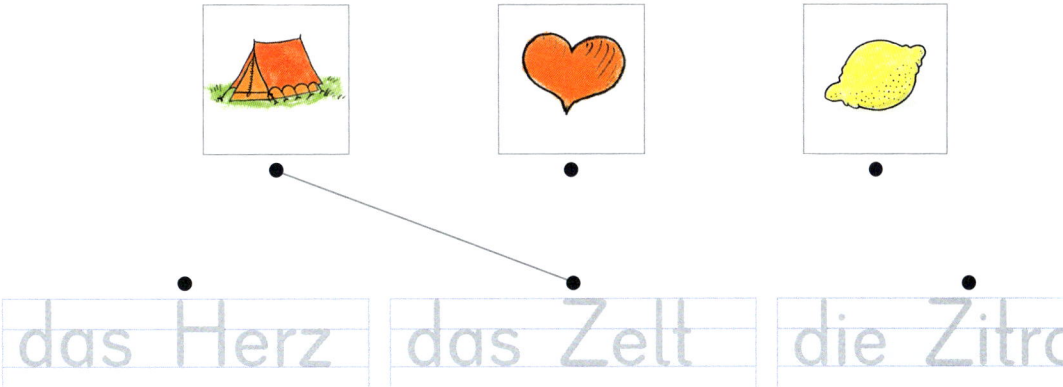

das Herz   das Zelt   die Zitrone

FS 50/51: 1. ankreuzen, ob der Z/z-Laut am Wortanfang, im Wortinnern oder am Wortende zu hören ist
2. abgebildete Begriffe benennen; Auswahlwörter lesen und zum passenden Bild schreiben
3. Wörter mit Artikel erlesen und mit den passenden Bildern durch Linien (Lineal benutzen) verbinden;
Wörter mit Artikel nachspuren

49

1

Zitrone   Zelt   Pilz   Herz   Ranzen

der	die	das
	Zitrone	

2

Male das Zelt rot an.

Male eine Wiese um das Zelt.

Male zwei Tiere dazu.

FS 50/51: 1. Wörter erlesen und den passenden Artikeln zuordnen; Wörter in die Tabelle schriftlich einsortieren
2. Text erlesen und Abbildung nach Textaussage ergänzen

1

2 Male alle **B** und **b** lila.

B b   B b   B b   B b

DBdbDdBbdbBDddbdbB

FS 52/53: 1. ankreuzen, ob der B/b-Laut am Wortanfang, im Wortinnern oder am Wortende zu hören ist
2. alle B/b lila nachspuren

51

1

- Rabe
- Boot

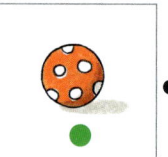
- Brot
- Ball

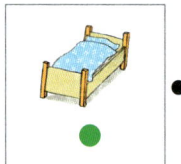
- Blume
- Bett

- Banane
- Biber

2

Ball   Bett   Rabe   Boot

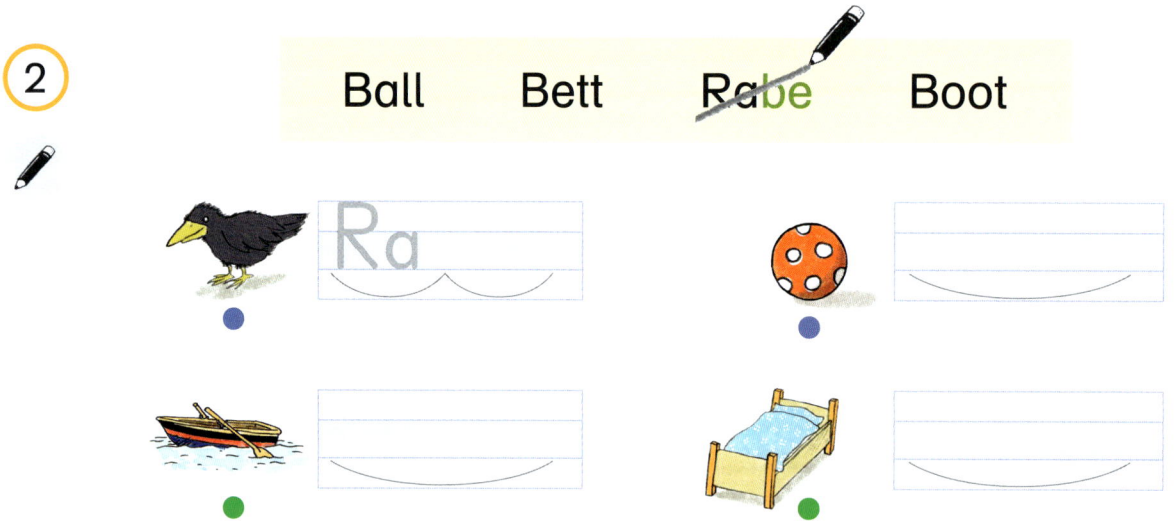

Ra

3

Das ist ein Rabe.

Das ist

Das

FS 52/53: 1. Bild benennen und Auswahlwörter erlesen, Bild mit passendem Wort verbinden
2. abgebildete Begriffe benennen; Auswahlwörter lesen und zum passenden Bild schreiben
3. abgebildete Begriffe benennen; Sätze wie im Beispiel zum Bild schreiben

1

bell**en**

pus**ten**

ba**den**

Nina pustet.

Nino badet.

Der Hund bellt.

---

2 **Das Leben bei Nina um sieben**

 blei · ben   bra · ten   ha · ben

Nina will im Bett bleiben.

Mama will Leon ein Ei _____.

Leon will lieber ein Brot _____.

Mama will zur Arbeit …

FS 52/53: 1. dargestellte Verben erlesen; Sätze erlesen und mit passendem Bild verbinden; Sätze nachspuren
2. Auswahlwörter und Lückensätze erlesen; Auswahlwörter sprechschwingen und damit den jeweils
passenden Lückensatz vervollständigen

53

Ch ch

 Buch    Milch

1

ch wie in Bu**ch**

die Nacht   das Buch

die Woche   das Dach

ch wie in Mil**ch**

das Licht   das Zeichen

die Milch   der Teppich

2 Was passt zusammen? Ordne alles zu.

Ziehe Linien mit dem Lineal.

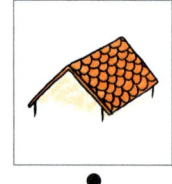      

das Buch   das Dach   die Milch

FS 54/55: 1. Wörter erlesen, den Klang des /ch/-Lautes abhören; Wörter mit bestimmten Artikeln nachspuren
2. Wörter mit Artikel erlesen und mit den passenden Bildern durch Linien (Lineal benutzen) verbinden; Wörter mit Artikel nachspuren

1

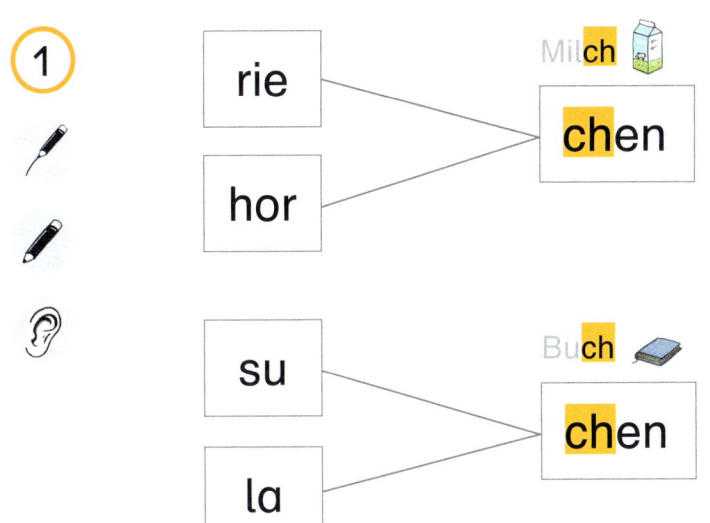

rie + chen → rie<u>chen</u>

hor + chen → hor

su + chen

la + chen

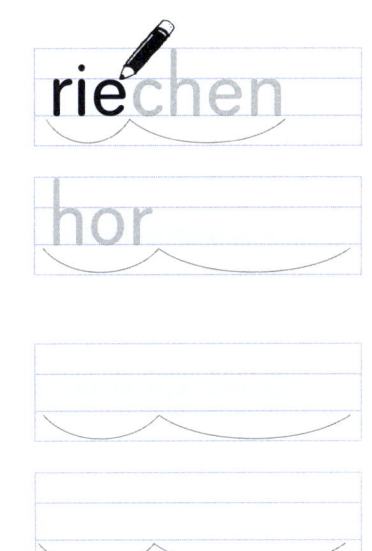

2

lachen

ich **lache**

er lacht

wir lachen

machen

ich **mache**

er

wir

3

◯ Nina und Nino lesen in einem Buch.

◯ Nino und Leon lesen in einem Buch.

◯ Nina und Leon lesen in einem Buch.

FS 54/55: 1. Anfangs- und Endsilbe lesen; vollständige Wörter schreiben, unterschiedliche Klänge des ch abhören
2. Verben in der Infinitiv-Form erlesen, Verbform in der 1. und 3. Person Singular und in der 3. Person Plural ableiten
und darunterschreiben; Beispiel nachspuren
3. Auswahlsätze erlesen und zum Bild passenden Satz ankreuzen

55

 **Dreimal** **und einmal**

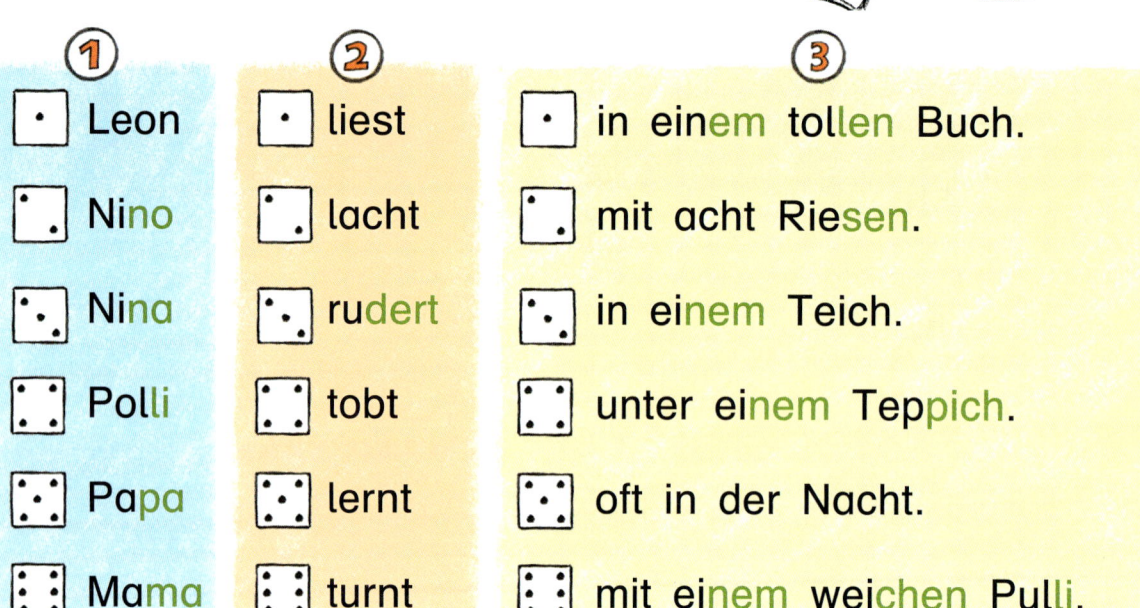

①	②	③
⚀ Leon	⚀ liest	⚀ in einem tollen Buch.
⚁ Nino	⚁ lacht	⚁ mit acht Riesen.
⚂ Nina	⚂ rudert	⚂ in einem Teich.
⚃ Polli	⚃ tobt	⚃ unter einem Teppich.
⚄ Papa	⚄ lernt	⚄ oft in der Nacht.
⚅ Mama	⚅ turnt	⚅ mit einem weichen Pulli.

FS 54/55: 1. Partner- oder Gruppenarbeit: Satzteile einzeln erlesen;
Satzteile würfeln und entstehende Sätze erlesen; Sätze aufschreiben

1

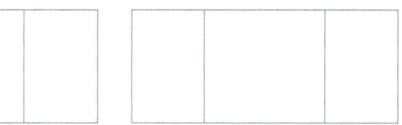

2 Male alle **Au** und **au** an:

Auto   Baum   Frau

Auge   Maus   Haus

laufen   aus   auf

3

Baum   Haus   Auto   Frau

Baum

FS 58/59: 1. ankreuzen, ob der Au/au-Laut am Wortanfang, im Wortinnern oder am Wortende zu hören ist
2. alle Au/au visuell differenzieren und farbig markieren
3. abgebildete Begriffe benennen; Auswahlwörter lesen und zum passenden Bild schreiben

57

1 **der** oder **die** oder **das** ?

das Auto

Baum

Frau

Haus

---

2 Was passt auch zu dir?

So bin ich!

○ Man**ch**mal brau**che** ich
Hil**fe** beim Re**ch**nen.

○ Ich hel**fe** an**de**ren,
wenn sie mich brau**chen**.

○ Ich la**che** an**de**re
nie**mals** aus.

○ Man**ch**mal bin ich
auch sau**er**.

So bin ich!

FS 58/59: 1. Wörter erlesen und den bestimmten Artikel zuordnen; Wörter nachspuren
2. Frage und Auswahlantworten lesen; ankreuzen, was passt

1

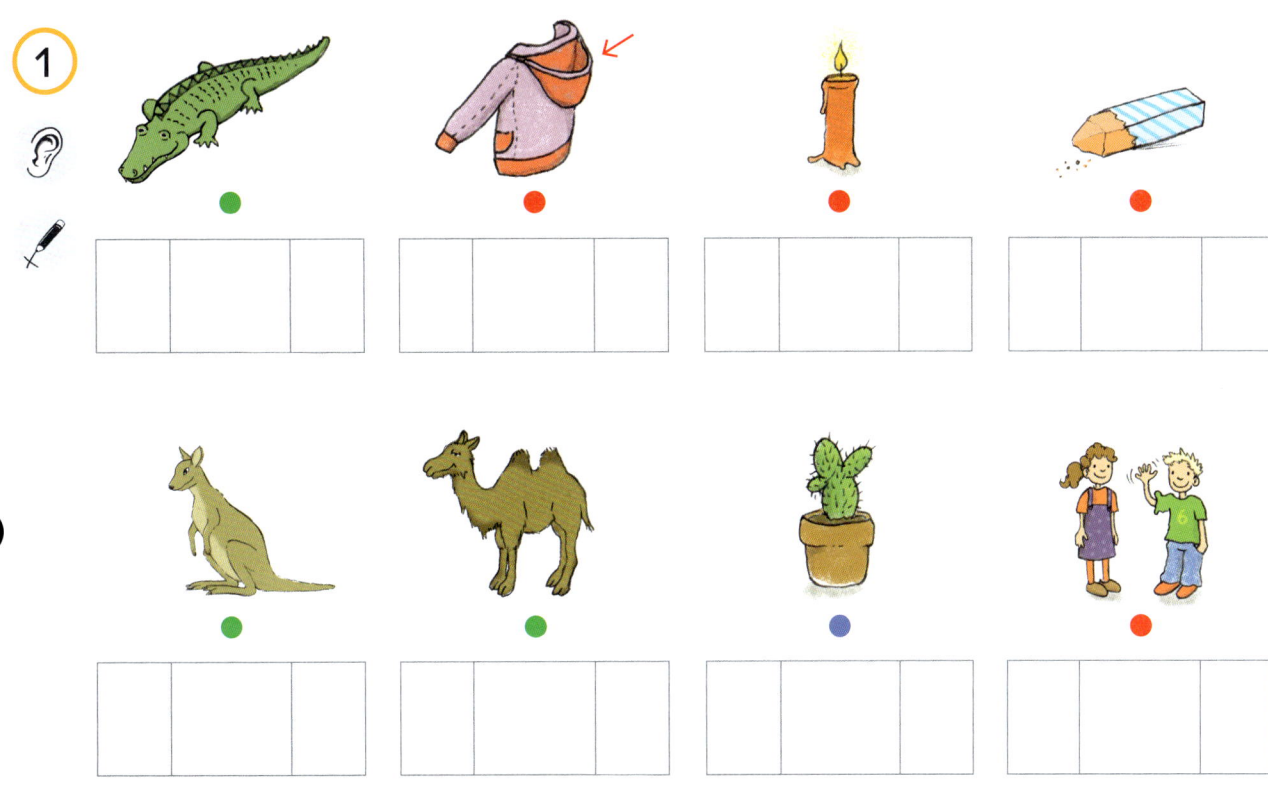

2

Kamel   Kinder   Kerze   Kreide

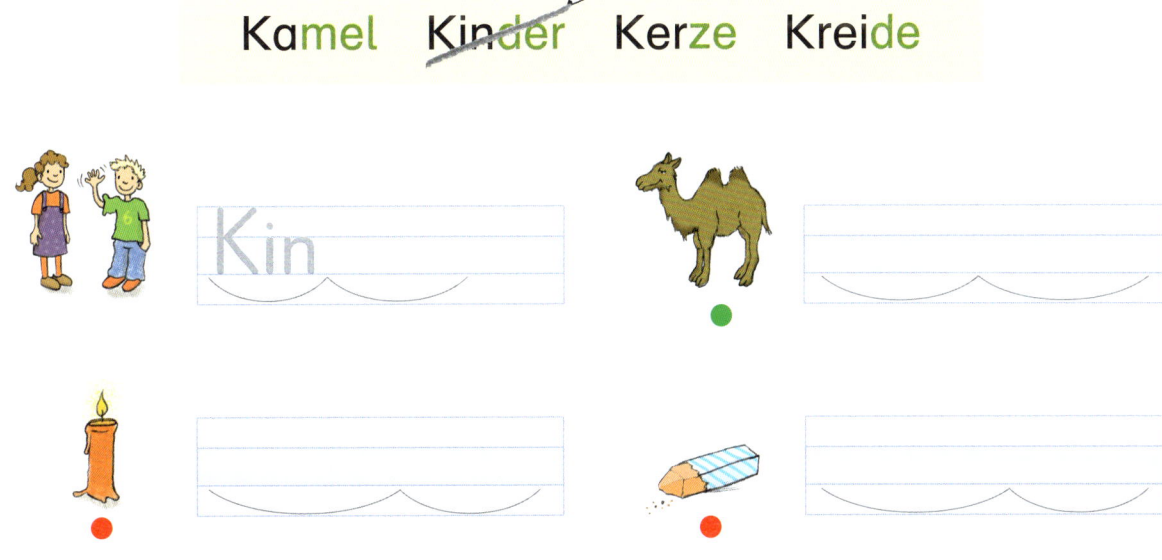

Kin

FS 60/61: 1. ankreuzen, ob der K/k-Laut am Wortanfang, im Wortinnern oder am Wortende zu hören ist
2. abgebildete Begriffe benennen; Auswahlwörter lesen und zum passenden Bild schreiben

59

1

der Kreis ⟶ die Kreise

das Kind ⟶

---

2 Reime mit **K**:

Liste

Kiste

Wind

Tanne

---

3 Was kann ich kauen?

○ Kekse ○ Kannen ○ Kuchen

Was kann ich riechen?

○ Musik ○ Kaffee ○ Kamele

FS 60/61: 1. Begriffe mit Artikel im Singular lesen; Plural bilden und mit Artikel aufschreiben;
Artikel im Plural rot einkreisen; Silbenbögen setzen
2. vorgegebene Begriffe lesen; passendes Reimwort mit K/k im Anlaut suchen und darunterschreiben
3. Partnerarbeit: Fragen erlesen, sich über Auswahlbegriffe austauschen und die richtigen ankreuzen

1 Mit Papa auf dem Markt

kaufen   kraulen   kochen   klaut

Papa will Paprika kaufen .

Die Frauen _____ Kaffee.

Nina und Leon _____ einen Hund.

Ein Dieb _____ eine Kiste Kartoffeln.

FS 60/61: 1. Partnerarbeit: Auswahlwörter abwechselnd lesen; Lückensätze abwechselnd erlesen und mit passenden Verben vervollständigen; Abbildung nach Textvorgabe ergänzen

61

Ö ö

1

Löwe   Öl   Flöte   Körbe

Öl

2 Zu welchen Zeilen passen die Wörter?

Löffel   Öl   Köche

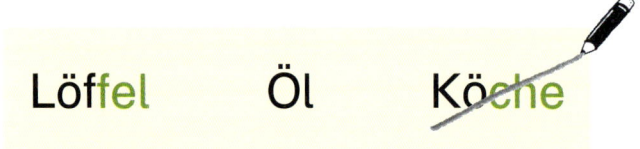 können toll kochen.

Suppe isst man mit einem _____.

Salat können wir mit _____ und Zitrone essen.

FS 62: 1. abgebildete Begriffe benennen; Auswahlwörter lesen und zum passenden Bild schreiben
2. Lückenwörter und Sätze erlesen; Lückenwörter sprechschwingen und in die passende Lücke einschreiben

1

Würfel Tür Tüte Bürste

 Wür

2 Über das Essen

Nüsse und Rosinen passen prima ...

○ in ein Müsli.

○ in eine Suppe.

Nach dem Kochen ...

○ musst du alle Löffel küssen.

○ kommt der Abfall in den Müll.

FS 63: 1. abgebildete Begriffe benennen; Auswahlwörter lesen und zum passenden Bild schreiben
2. Satzanfänge und -ergänzungen lesen; sinnvolle Ergänzungen ankreuzen

63

Sch sch

Schere   Tasche   Flasche   Schiff

Sche

FS 66/67: 1. ankreuzen, ob der Sch/sch-Laut am Wortanfang, im Wortinnern oder am Wortende zu hören ist
2. abgebildete Begriffe benennen; Auswahlwörter lesen und zum passenden Bild schreiben

1

Tasche   Schere   Frosch   Schiff

Tisch   Fisch   Schaf   Schule

der	die	das
	Tasche	

2

 Das ist eine Schere.

 Das ist ein   .

 Das ist eine   .

FS 66/67: 1. Wörter erlesen und den bestimmten Artikel zuordnen; Wörter den passenden Artikeln in der Tabelle zuordnen und einschreiben
2. abgebildete Begriffe benennen; Sätze wie im Beispiel zum Bild schreiben

 Toni schnorchelt.

Im Wasser schwimmen Fische.

Male die Fische bunt an.

---

2 Schöne Ideen für unsere Freizeit

Nino bastelt

bunte Schiffe.

Male eine Schere

auf den Tisch.

Nina schreibt einen Brief

für eine Flaschenpost.

Male die Flasche.

FS 66/67: 1. Text erlesen und Abbildung nach Textvorgabe ergänzen
2. Text erlesen und Abbildungen nach Textvorgaben ergänzen

G g

1

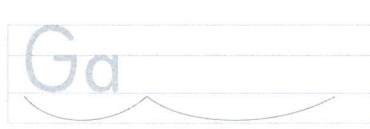

 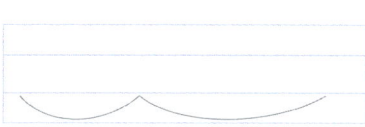

○ (rot) ○ (blau) ○ (blau) ○ (blau)

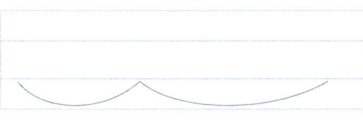

 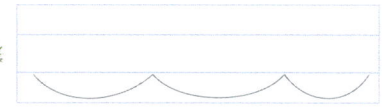

○ (blau) ○ (grün) ○ (grün) ○ (blau)

2

Gemüse   Tiger   Gabel   Regen

Ga

FS 68: 1. ankreuzen, ob der G/g-Laut am Wortanfang, im Wortinnern oder am Wortende zu hören ist
2. abgebildete Begriffe benennen; Auswahlwörter lesen und zum passenden Bild schreiben

67

1

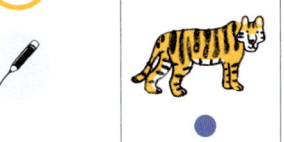 •

• Igel

• Iglu

• Tiger

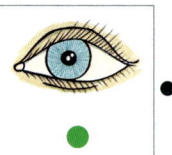 •

• Regen

• Auge

• Gemüse

2

liegen zeigen gehen geben

 lie

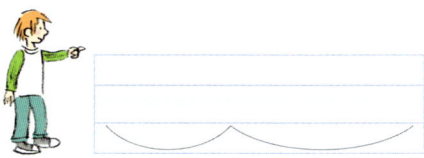

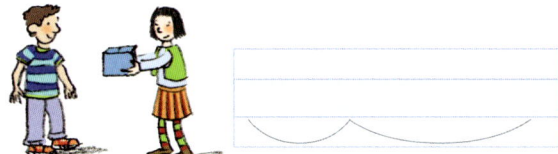 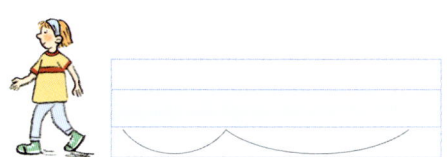

3

liegen

ich liege

er liegt

wir liegen

zeigen

ich zeige

er

wir

FS 68: 1. Bild benennen und Auswahlwörter erlesen; Bild mit passendem Wort verbinden
2. abgebildete Verben benennen, Auswahlwörter erlesen und neben die passenden Bilder schreiben
3. Verben in der Infinitiv-Form erlesen, Verbform in der 1. und 3. Person Singular und der 3. Person Plural ableiten/erlesen; vorgegebene Verbformen nachspuren

1

○ ein riesiger Dino
○ ein riesiger Tiger

○ eine gelbe Sonne
○ eine gelbe Tonne

2

Das ist ein _____.

Male den Tiger an.

Das ist ein _____.

Male den Igel an.

Das ist eine _____.

Male die Giraffe an.

FS 68: 1. Wortgruppen erlesen und jeweils zum Bild passende Wortgruppe ankreuzen
2. Lückensätze erlesen und ergänzen; Abbildungen anmalen

69

  **Käse**

1

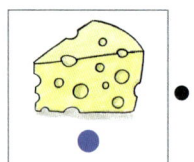
- Kä**fer**
- Kä**se**

- Bär
- Sä**ge**

2

 das Glas  →   die Gläser  ●

 die Hand  →   die Hände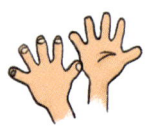

 der Ast  →   die Äste   ●

3

Ma**le** die Sä**ge** grau an.

Ma**le** den Kä**fer** rot an.

FS 69: 1. Bild benennen und Auswahlwörter erlesen; Bild mit passendem Wort verbinden
2. Singular- und Pluralformen erlesen; Wörter mit Umlaut nachspuren (Umlaut rot)
3. Abbildung nach Satzvorgabe anmalen

 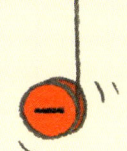 

1

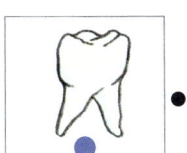

- Huhn
- Zahn
- Hahn

- Schuh
- Kuh
- Zahl

2

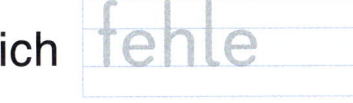 Huhn   Zahn   Zahl   Kuh

der	die	das
Schuh		

3

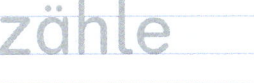 fehlen

ich fehle

er fehlt

wir fehlen

 zählen

ich zähle

er

wir

FS 72/73: 1. Vokale mit Dehnungs-h rot markieren; Bild benennen und Auswahlwörter erlesen; Bild mit passendem Wort verbinden
2. Wörter erlesen und den bestimmten Artikeln zuordnen; Wörter den passenden Artikeln in der Tabelle zuordnen und einschreiben
3. Verben in der Infinitiv-Form erlesen, Verbformen in der 1. und 3. Person Singular und der 3. Person Plural ableiten, erlesen und schreiben; vorgegebene Verbformen nachspuren

1

Die Kinder gehen

zur Mühle.

Male die Mühle rot an.

Ina sieht eine Kuh.

Ina sieht Löwenzahn.

Male das Bild an.

Nina sucht ihren Schuh.

Male den Schuh

gelb an.

FS 72/73: 1. Texte erlesen; Abbildungen nach Textvorgaben ergänzen

1

Judo   Jäger   Jojo   Jaguar

Ju

2

| Jäger | Jaguar |

Das ist ein _____.

Ein Jäger jagt Tiere.

| Judo | Jo-Jo |

Das ist ein _____.

Ein Jo-Jo kann man

hoch und runter rollen.

FS 74/75: 1. abgebildete Begriffe benennen; Auswahlwörter erlesen und neben die passenden Bilder schreiben
2. Lückensätze erlesen; Auswahlwörter erlesen und Lückensatz mit passendem Wort ergänzen

73

Sp sp

1 Male alle **Sp** und **sp** an:

Spaten Spinne Spiel

Spiegel Sport Spinat

spuken spielen sprechen

2

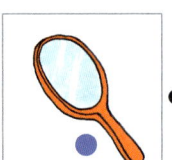

- ein Spiel
- ein Spiegel

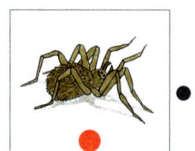

- eine Spinne
- ein Spaten

3

spuken

ich spuke

er spukt

wir spuken

spielen

ich spiele

er

wir

FS 78/79: 1. alle Sp/sp visuell differenzieren und farbig markieren
2. Bild benennen und Auswahlwörter erlesen; Bild mit passendem Wort verbinden
3. Verben in der Infinitiv-Form erlesen, Verbformen in der 1. und 3. Person Singular und der 3. Person Plural ableiten/schreiben

1

○ Nina spielt mit Polli.

○ Nino spielt mit Jojo.

○ Nina spielt mit Jojo.

2

○ Nina und Nino spielen Theater.

○ Nina und Nino spielen mit Karten.

○ Nina spielt eine Prinzessin.

○ Nino spielt ein Gespenst.

○ Nina spielt einen Spiegel.

○ Nino spielt eine Spinne.

FS 78/79: 1. Auswahlsätze erlesen und den zum Bild passenden Satz ankreuzen; Satz schreiben
2. Auswahlsätze erlesen und die zum Bild passenden Sätze ankreuzen

St st ⭐

1 Male alle **St** und **st** an:

Stein   Stempel   Stuhl

Stiefel   Stunde   Stift

streiten   steigen   stehen

2

Stern   Stein   Stiefel   Stift

 Stein

3

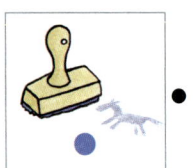

• Stiefel

• Stempel

• Stuhl

• Stern

• Stein

• Stift

FS 78/79: 1. alle St/st visuell differenzieren und farbig markieren
2. abgebildete Begriffe benennen; Auswahlwörter erlesen und neben die passenden Bilder schreiben
3. Bild benennen und Auswahlwörter erlesen; Bild mit passendem Wort verbinden

1

| ste | hen | | stür | zen | | strei | cheln | | stei | gen |

stehen

2 Male drei Sterne.

Male drei Steine.

3

Das ist ein gelber Stern .

Das ist ein roter .

Das ist ein blauer .

Das ist ein grauer .

FS 78/79: 1. Abbildungen betrachten; passende Verben aus den Einzelsilben zusammenbauen, sprechschwingen und danebenschreiben2. Sätze erlesen und nach Satzvorgabe malen
3. Bilder benennen; Lückensätze erlesen und ergänzen

77

ck

Sack

1 Male alle **ck** an:

Rock   Sack   Brücke

Fleck   Jacke   Mücke

Decke   Schnecke   dick

2

Ro**ck**   Schne**ck**e   Sa**ck**   Ja**ck**e

 Rock

FS 80/81: 1. alle ck visuell differenzieren und farbig markieren
2. abgebildete Begriffe benennen; Auswahlwörter erlesen und neben die passenden Bilder schreiben

1 Reime:

Stock   Decke

 Rock    Schn

 schmecken   kleckern

l   m

2

◯ Das ist eine Schnecke.

◯ Das ist eine Decke.

◯ Das ist eine Brücke.

◯ Das ist eine Mücke.

◯ Das ist ein Rock.

◯ Das ist ein Stock.

© 2016 Cornelsen Schulverlage GmbH, Berlin

FS 80/81: 1. Reimwörter mit den vorgegebenen Anfangsbuchstaben finden und aufschreiben
2. Auswahlsätze erlesen; zum Bild passende Sätze ankreuzen

1

 •Pferd

•Topf

 •Apfel

 •Zopf

 •Pfeil

•Pfanne

2 Reime:

Kopf

Knopf

 Topf

 Z

Seil

Kanne

 Pf

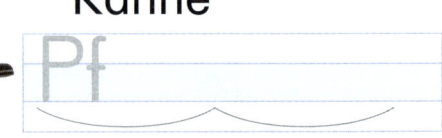 Pf

3 Die Kinder wollen Blumen aussäen.

Was brauchen sie dafür?

◯ Blumenerde ◯ Knöpfe ◯ Töpfe ◯ Samen

FS 84: 1. Bilder benennen und Auswahlwörter erlesen; Bilder mit den jeweils passenden Wörtern verbinden
2. Wörter erlesen; Reimwörter (nach Bildvorgabe) mit Pf/pf finden und darunterschreiben
3. Aufgabenstellung erlesen; Begriffe ankreuzen, die zur Aussaat passen

1 Male alle **tz** an:

Katze   Tatze   Hitze   sitzen

Blitz   Witz   Satz   schwitzen

2

Katze   Tatze   Blitz

3 Was stimmt?

○ Katzen haben Glatzen.

○ Katzen haben Tatzen.

○ Katzen sind schnell wie der Blitz.

○ Katzen sind schnell wie der Witz.

© 2016 Cornelsen Schulverlage GmbH, Berlin

FS 85: 1. alle tz visuell differenzieren und farbig markieren
2. abgebildete Begriffe benennen; Auswahlwörter erlesen und unter die passenden Bilder schreiben
3. Frage und Auswahlantworten erlesen; Sätze entsprechend der Fragestellung ankreuzen

81

chs Fuchs

1 Male alle **chs** an:

Luchs   Dachs   sechs

Fuchs   Lachs   wachsen

2

M

der Luchs

der **Luchs**

der Dachs

d

der Fuchs

d

der Lachs

d

3 Male eine Wiese.

Auf der Wiese wachsen

sechs Blumen.

Male diese Blumen.

FS 86: 1. alle chs visuell differenzieren und farbig markieren
2. Tierabbildung anschauen und Tiernamen dazu erlesen; chs innerhalb der Tiernamen blau markieren;
Tiernamen mit Artikel in die Schreibzeilen abschreiben; kontrollieren
2. in der Fibel auf Seite 86 nachlesen; nachschauen, wie ein Ochsenauge/Rindsauge aussieht; Ochsenauge malen

1

Alles mit V oder v
wie in Vase

Alles mit V oder v
wie in Vogel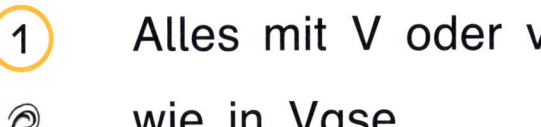

M

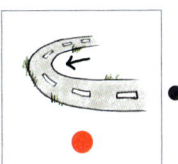

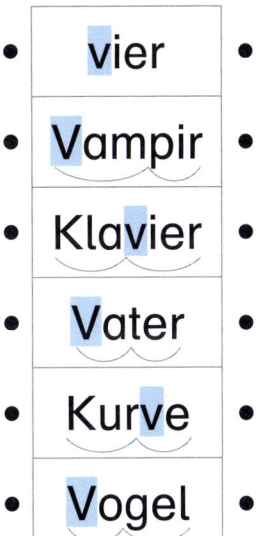

- vier •
- Vampir •
- Klavier •
- Vater •
- Kurve •
- Vogel •

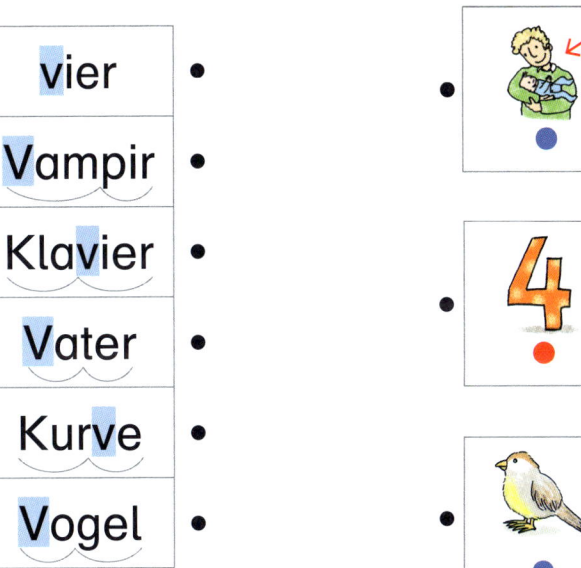

2

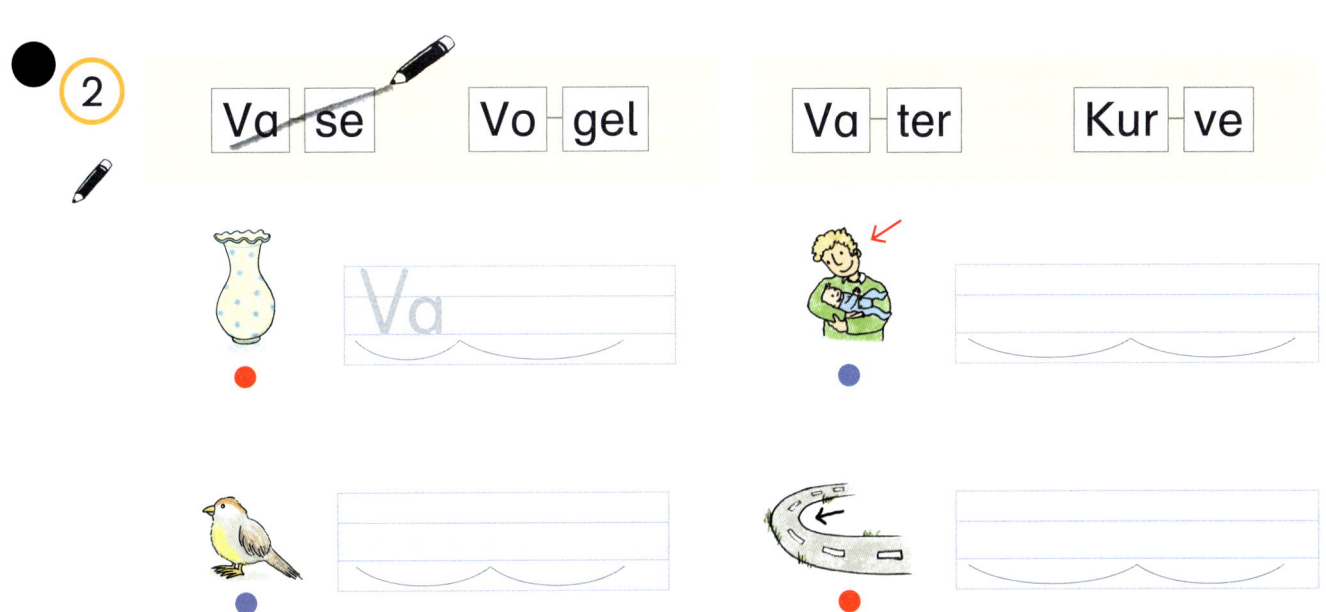

Va se   Vo gel   Va ter   Kur ve

Va

FS 87: 1. abgebildete Begriffe laut benennen und nach Klang des V oder v abhören;
mit dem passenden Wort verbinden
2. abgebildete Begriffe benennen; Auswahlwörter in Silbenform erlesen und neben die passenden Bilder schreiben

83

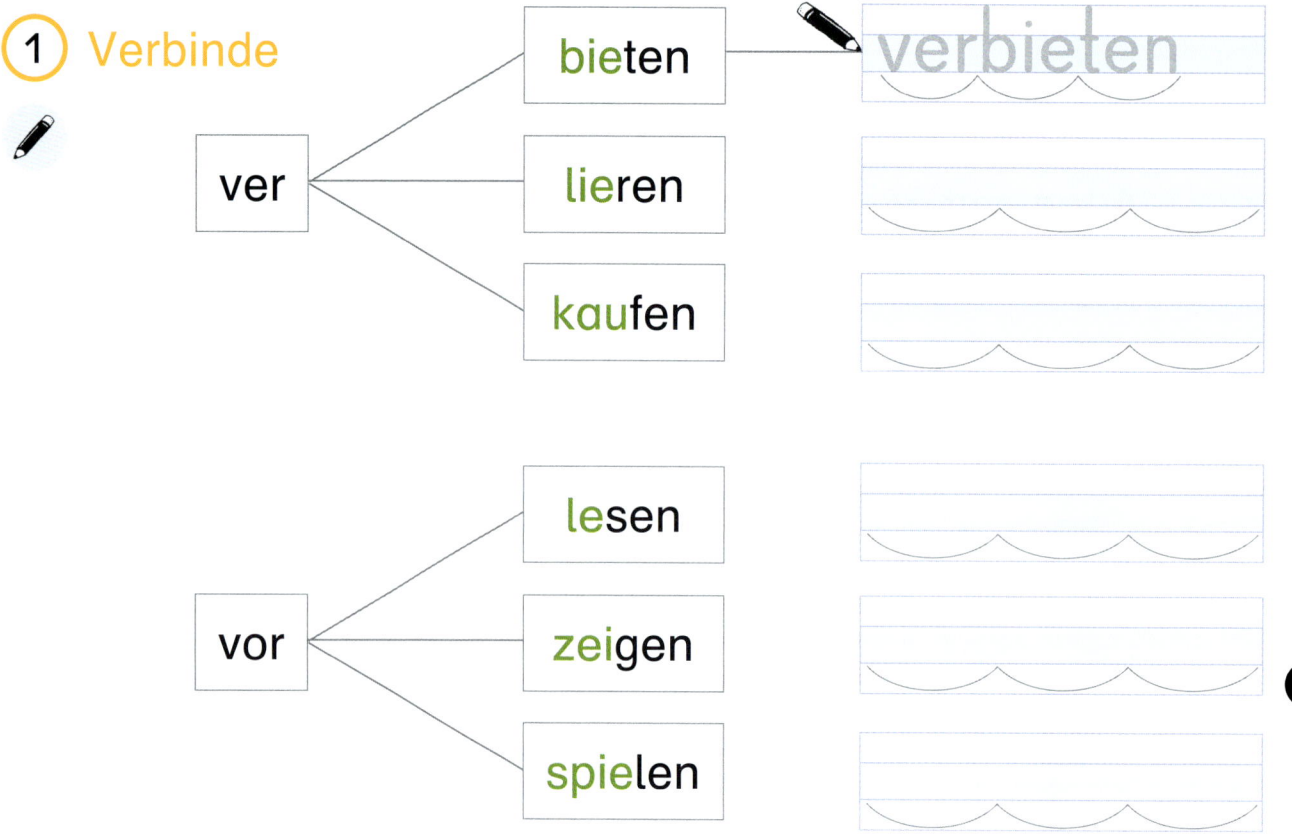

1 Verbinde

ver — bieten — verbieten
ver — lieren
ver — kaufen

vor — lesen
vor — zeigen
vor — spielen

2

Male Blumen in die Vase.

Male den Vogel gelb an.

Male vier violette Bälle.

FS 87: 1. Verben erlesen, mit einer Lineatur verbinden und schreiben
2. Sätze erlesen und die Abbildung nach Satzvorgaben ergänzen oder neu malen (3. Bild)

1 Male alle **Eu** und **eu** an:

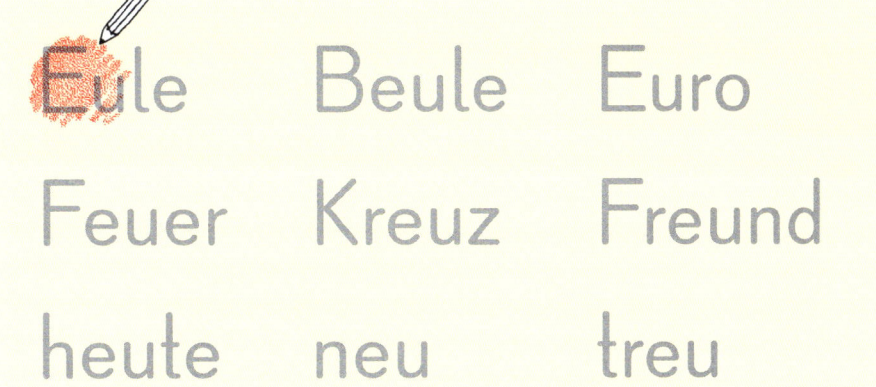

Eule   Beule   Euro

Feuer   Kreuz   Freund

heute   neu   treu

2

Euro   Feuer   Freunde   Eule

 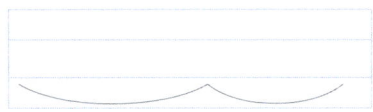

 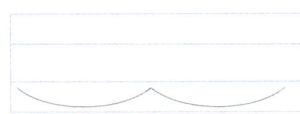

 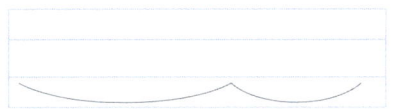

---

3 Reime mit **Eu** oder **eu**

Beule   teuer

Eu   F

FS 90/91: 1. alle Eu/eu visuell differenzieren und farbig markieren
2. abgebildete Begriffe benennen; Auswahlwörter erlesen und neben die passenden Bilder schreiben
3. Wörter erlesen; Reimwörter (nach Bildvorgabe) mit Eu/eu finden und darunterschreiben

85

1

○ Nino und Nina sind Freunde.

○ Nino und Nina sind Feinde.

○ Die Beule sitzt auf einem Ast.

○ Die Eule sitzt auf einem Ast.

2

Leon hat einen neuen Laptop.

Heute schickt Leon seinem Freund ein Foto.

Was ist auf dem Foto zu sehen?

○ ein Spielzeug

○ ein Feuer

○ eine Eule

FS 90/91: 1. Auswahlsätze erlesen; zu den Bildern passende Sätze ankreuzen
2. Text und Frage erlesen; zum Bild passende Antwort ankreuzen; Abbildung ausmalen

1

Bank   Schrank   Enkel

_____   _____   _____

---

2 Reime

 trinken _____

schenken  _____

---

3 Morgen kocht Oma für Nina und Leon.

Woran sollen Nina und Leon denken?

Sie sollen …

○ sich die Hände waschen.

○ Saft nur im Schrank trinken.

○ sich bei Oma bedanken.

○ sich mit Oma zanken.

FS 92: 1. abgebildete Begriffe benennen; Auswahlwörter erlesen und unter die passenden Bilder schreiben
2. Verben erlesen; Reimwörter (nach Bildvorgabe) mit nk finden und darunterschreiben
3. Partnerarbeit: abwechselndes Erlesen der Auswahlsätze und Austausch über den Wahrheitsgehalt; richtige Aussagen ankreuzen

87

ng Ring

---

1 Male alle **ng** an:

Ring   Zunge   Schlange

Angel   Engel   Junge

singen   bringen   springen

2

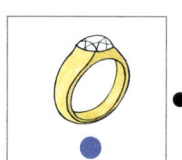

- Ding
- Ring
- Engel

- Schlange
- Zange
- Zunge

---

3 In meiner Freizeit …

○ langweile ich mich.

○ schaue ich lange fern.

○ lese ich gerne.

○ verbringe ich viel Zeit mit Freunden.

FS 93: 1. alle ng visuell differenzieren und farbig markieren
2. Bilder benennen und Auswahlwörter erlesen; Bilder mit den jeweils passenden Wörtern verbinden
3. Aussagesätze erlesen; persönliche Meinung ankreuzen

1

| bei | ßen | rei | ßen | | schie | ßen | gie | ßen |

beißen

2

weiß   heiß   groß

Im Som**mer** ist es _____.

Krei**de** ist _____.

Rie**sen** sind _____.

3 Ma**le**: Ein Fuß**ball** ist in ein**em** Tor.

FS 94: 1. Verben in Silbenform erlesen; Verben neben die passenden Abbildungen schreiben
2. Lückensätze erlesen; Auswahlwörter erneut erlesen und Lückensätze damit vervollständigen
3. Nach Satzaussage malen

89

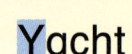 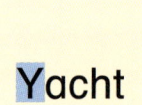 **Y y** 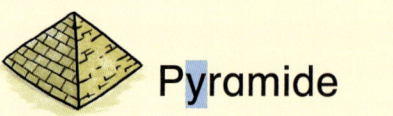 Yacht Pyramide Baby

1 Das **Y**psilon kann klingen wie:

M

Erforsche, was ein Yak ist.

J j	Ü ü	I i
Yak	Zylinder	Pony
Yacht	Pyramide	Baby

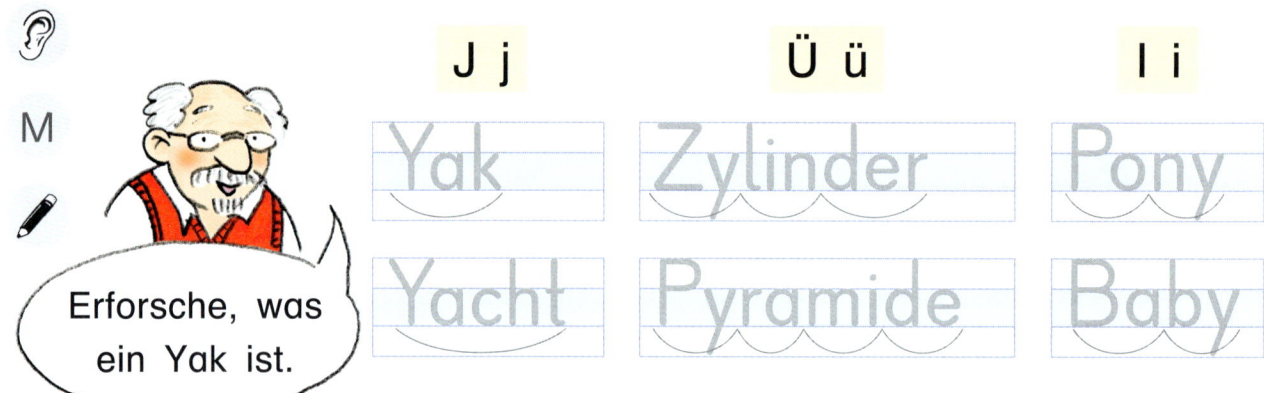

2 das Pony ● Teddy ●

Baby ● Yacht ●

3

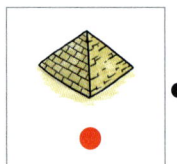 ●

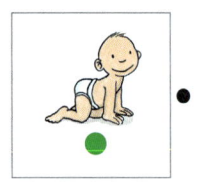 ●

 ●

●ein klei**nes** Ba**b**y

●ei**ne** schnel**le** Yacht

●ei**ne** al**te** Pyrami**de**

FS 95: 1. unterschiedliche Klänge des Y/y abhören; Begriffe nachspuren
2. Wörter erlesen; bestimmte Artikel zuordnen und schreiben
3. Wortgruppen erlesen und mit den passenden Bildern verbinden

1 Aus **au** wird **äu**

 die Maus →  die Mäuse

 der Baum →  die _____

 der Traum →  die _____

2

○ Der Junge läuft.

○ Der Junge träumt.

3

Male die Mäuse grau an.

Male die Bäume grün an.

Male die Häuser bunt an.

FS 98: 1. Wörter im Singular erlesen und nachspuren; Pluralform mit äu ableiten und danebenschreiben
2. Auswahlsätze erlesen; zum Bild passenden Satz ankreuzen
3. Sätze erlesen; Abbildungen nach Satzvorgaben ergänzen

91

C c

 Computer  Cent

1

Ein C oder c klingt häufig wie in Computer:
Comic – Clown – Creme – Camping – cool.

Manchmal klingt es auch wie in Cent.

2

Computer   Comic   Cent   Creme

© 2016 Cornelsen Schulverlage GmbH, Berlin

FS 99: 1. Sprechblasen erlesen und C/c-Wörter nach ihrem Klang abhören
2. abgebildete Begriffe benennen; Auswahlwörter erlesen und neben die passenden Bilder schreiben

| N | i | n | a |
| N | i | n | o |

| N | N | i | n | a | Ni | na |
| a | o | N | N | i | n | o | Ni | no |

| Ni | na |
| Ni | no |

M a m a

i m

O m a

m i t

a m

zu Arbeitsheft, Seiten 16–28 Buchstabenkarten zum Legen von Wörtern

N n

I i A a O o

T t M m L l

S s s E e e

220006952

FS 99: 1. Partnerarbeit: Bilderfolge anschauen und dazu erzählen; Sprechblasen erlesen

1 Male alle **Qu** und **qu** an:

Qualle	Quark	Quadrat
Quirl	Quatsch	Qualm
quaken	quatschen	quietschen

2

• Quark

• Qualle

• Quirl

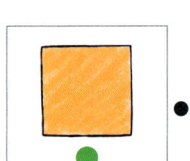

• Quatsch

• Qualm

• Quadrat

3 Was stimmt?

○ Frösche quatschen.

○ Quark ist aus Saft.

○ Quallen leben im Wasser.

○ Im Qualm schwimmen Hunde.

© 2016 Cornelsen Schulverlage GmbH, Berlin

FS 102: 1. Alle Qu/qu visuell differenzieren und farbig markieren
2. Bilder benennen und Auswahlwörter erlesen; Bilder mit den jeweils passenden Wörtern verbinden
3. Partnerarbeit: Fragestellung und Auswahlsätze erlesen; gemeinsamer Austausch über den Wahrheitsgehalt; richtige Aussagen ankreuzen

1

Boxer   Taxi   Mixer   Hexe

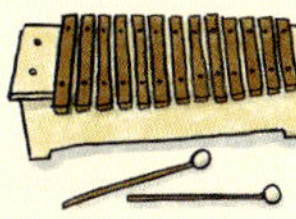

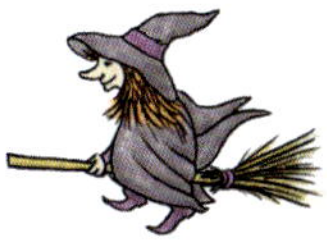

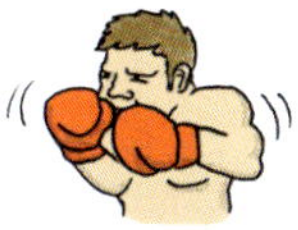

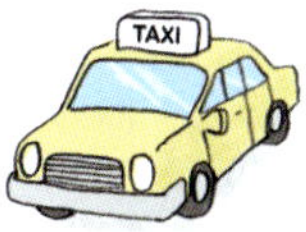

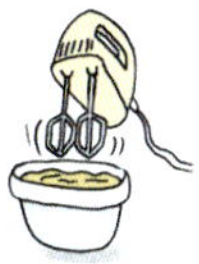

2

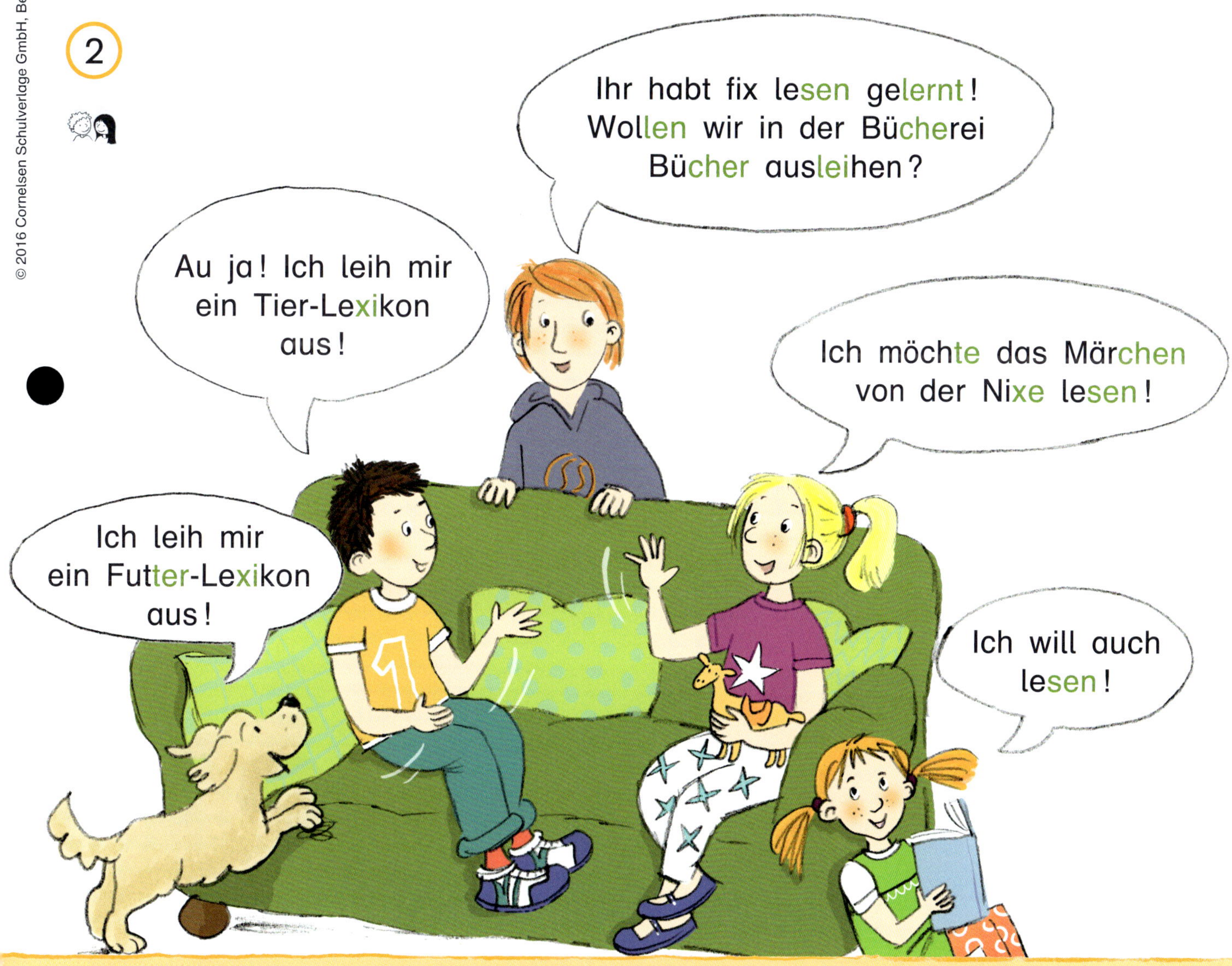

Ihr habt fix lesen gelernt!
Wollen wir in der Bücherei
Bücher ausleihen?

Au ja! Ich leih mir
ein Tier-Lexikon
aus!

Ich möchte das Märchen
von der Nixe lesen!

Ich leih mir
ein Futter-Lexikon
aus!

Ich will auch
lesen!

FS 103: 1. abgebildete Begriffe benennen; Auswahlwörter erlesen und neben die passenden Bilder schreiben
2. Partnerarbeit: abwechselndes Erlesen der Sprechblasen

Inhalt